ヨベル新書
097

傷によって共に生きる

弱くてやさしい牧師の説教集

北口沙弥香［著］

YOBEL,Inc.

Genuine な牧師、北口沙弥香さんと私 ── 不肖の師匠より

ハンドルネーム「ぼやき牧師」こと 富田正樹

北口沙弥香さんのインターネットでのハンドルネームは〝爽歌＊Sayaka〟（以下省略）ですが、私自身は普段「さーやん」と呼んでいますので、ここでも以下は「さーやん」と書くことにします。ちなみにさーやんは私のことを「師匠」と呼んでいます。さーやんは私の「弟子」なのだそうです。弟子をとった覚えはないのですが、さーやんにとってはそういうことのようです。

さーやんと初めて直接会ったのは、2010年の8月あたりでした。別の友人と会うつもりで札幌を訪れ、そのついでと言っては失礼になるかもしれませんが、予定を合わせて会うことになりました。たしか居酒屋のような店で飲みながら話したと思います。

きっかけは、私の『三十番地キリスト教会』というウェブサイト（現在は更新を休止し、https://www.tom-yam.or.jp/ichurch/ に保存されています）で公開していた、「キリスト教……下世話なQ＆A」というコーナーに設けていた、「キリスト教では同性愛はダメなんですよね？」というタイトルの記事でした。

この記事は、私が当初２００２年から２００３年にかけて執筆したもので、聖書にある同性愛に関連すると思われている（それらはほぼ誤解に基づいたものですが）記事を、当時の自分なりに徹底的に掘り下げて検証し、クリスチャンによる同性愛者差別がいかに聖書の曲解に基づいたものであるかを暴露し、聖書を利用して性的少数者を差別する人の心理の真相を明らかにし、キリスト教では同性愛をダメだとは決して言えないということを明確化しようとしたものでした。

まだ「ＬＧＢＴ」というような言葉自体も世間で口にされることのほとんど無かった時代のことですので、当時としては、若干は先進的な内容だったかもしれません。

この記事は最終的には２００６年まで改訂を続けましたが、さーやんはこれを２００５年頃の時点で見つけてくれました。さーやんに言わせれば、これを読んで号泣したとのことです。２００６年にさーやんが洗礼を受ける直前のことです。

キリスト教の洗礼を受けるということを決心してからも、自身のセクシュアリティがキリスト教によって肯定されうるのかどうかという問題について、さーやんは悶々と悩みを抱えていたようですが、どうやら私のウェブサイトでの記事が、少しはさーやんのぶつかっていた壁を打ち砕くのに役立ったようで、嬉しいです。

保守的な教会で信仰告白するだけでなく、さーやんの信仰生活が歩みを進める上で、『三十番地キリスト教会』が多少なりとも助太刀できたとすれば、少しは私も良いことをしたのかもしれないと思います。

その後、さーやんは5年ほど私の追っかけをしていたといいます。その頃はＳＮＳというツールもなく、「掲示板」というサービスを使って、自分の意見を表明したり、意見交換したり、論争を繰り広げたりといったことをやっていた時代でした。そして、その掲示板で、さーやんと私はやりとりをしていました。この２０１０年に会った時点で、さーやんは牧師になろうという意志を固めていました。そして、その年の10月に農村伝道神学校（農伝）を受験します。

その後、農伝を卒業してから、さーやんは決して任地に恵まれたとは言えない状況が続いていました。ネット上で「過労牧師」を自称していましたが、平日に肉体労働をして日曜日に奉仕をするというダブルワークで、よくもったものと思います。いやむしろ、もっていなかったのかもしれませんが、ギリギリのところで踏みとどまって頑張っていたのでしょう。

そして現在、新しい任地に就いてからも、このダブルワークの状況は、多少平日の労働が軽くなったとはいえ、基本的には変わってはいません。「サラブレッド」のような「選ばれた人」として、恵まれた人事に乗って任地を得てゆく牧師たちとは違い、さーやんは苦労に苦労を重ねて、牧会の仕事を続けてきました。

2022年度以来、現在は愛川伝道所の主任牧師となり、この教会のウェブサイトで爽やかな（爽歌〔さやか〕な）笑顔で写真におさまっているさーやんを見ると、一応「師匠」と呼ばれている人間として、少し上から目線になってしまいますが、「立派になったものだなぁ」と感慨深い思いになります。そしてこのサイトで、自身がFtXパンセクシュアルであることをカミングアウトしていることは、多くの人に希望を与えていることと思います。

さーやんが牧師になったことで、さーやんは私と同業者、しかも、お互い同じように、牧師以外の仕事をしている牧師として同業者となったわけですが、それ以外にも私にはさーやんとの共同作業の場が与えられています。それは「イクトゥス・ラボ〜リベラル・クリスチャン情報局」（http://ixthus.jp/）というグループでの活動です。

この「イクトゥス・ラボ」というグループは、２０２０年3月に立ち上げた有志のクリスチャンのグループで、「リベラル・クリスチャン情報局」と名打っていますが、その名称は「コンサバティブなクリスチャンに対抗する」という意図よりは、むしろ「自由な（つまり、字義通りのリベラルな）」キリスト教、すなわち、できるだけ自由な聖書の読み方、自由な学び、自由な宣教を志して結成したものでした。

元々、Twitter（現X）で知り合った仲間たちと、「自由なクリスチャンとして、いろいろ情報発信したいね」と話し合ったのがきっかけで始まったイクトゥス・ラボで、「メンバーを募ろう」という話になったときに、私の心に真っ先に浮かんだのがさーやんでした。そして、さーやんは快く引き受けてくれて現在に至っています。

イクトゥス・ラボでは、主にさーやんには、私に直接関係のある部門では、動画作りにおけるご意見番のような役割を担ってもらっています。私が書いた台本を、私以外の４人のメンバーに叩いてもらって仕上げ、それを使って私が出演した動画を撮影するわけですが、さーやんは大抵私の書いたものをほぼそのままに支持してくれることが多いです。他の3人はかなり手厳しいです。さーやんは不肖の「師匠」である私に多少気を使ってくれているのかもしれません。

イクトゥス・ラボは当初8名ほどのメンバーを擁していたのですが、活動の途上で3名が脱退してゆくことになりました。その時、私はこのグループを維持してゆくことにも困難を感じるほどに、精神的に追い込まれていたのですが、そんな時でもさーやんは踏みとどまり、寄り添ってくれたので、今もなんとか細々と続けることができているのだと思います。

「師匠」と「弟子」とさーやんは言いますが、イクトゥス・ラボのみならず、今となってはどっちがお世話をしているのかわからないほど、私のほうがさーやんに支えられています。ふと理解者と話したいと思った時、LINEなどで話しかけると、忙しい合間を縫って話し相手になってくれます。仕事の都合で時間のやりくりがつかない時でも無いかぎり、絶対に自分から会話を切り上げることはしません。このあたりは、やはり牧会者なのだなと思わされます。いまや「師匠」は「弟子」に牧会してもらっているのです。

今回、説教集を出版されるとのこと。

説教集を出すなどというのは、晩年が近づいた牧師のやることだと思っていましたが、こんなに若いのに説教集を求められるのは、きっとさーやんが牧師、説教者、牧会者として、

「ほんものの（genuineな）」仕事をしている証しでしょう。ひとりの性的マイノリティとして、またひとりの労働者として、苦労しながら歩んできたさーやんだから、何の不思議もないと思います。

さーやんの説教を読むと、さーやんがいかに弱い者、不本意な生きづらさを抱えている者に寄り添おうとしているかがわかります。月なみな表現になりますが、さーやんは「本当の意味で（genuineに）優しい」牧師です。その優しさで、これからも多くの人を癒やしてゆくのでしょう。

「牧師さーやん」に、これからは私も色々なことを学びたいと思っています。「弟子」と「師匠」の立場はこうして入れ替わってゆくのでしょう。これからがさーやんの真骨頂が発揮される時です。楽しみにしています。

2024年5月26日

傷によって共に生きる——弱くてやさしい牧師の説教集

目次

＊人物の所属、肩書等は当時のものである。

傷によって共に生きる——弱くてやさしい牧師の説教集

沈黙して救いを待ち望む（哀歌3章25～33節）

本日は哀歌から沈黙について考えます。

哀歌は5つの詩で構成されている詩文です。新共同訳聖書では七十人訳聖書の配列を受け継いでエレミヤ書のあとに置かれていますが、ユダヤ教聖典では諸書として分類されています。エレミヤ書のあとに配置されたのは、哀歌の作者をエレミヤとする伝承のためです。今日これをそのまま信じているかたはおられないでしょうが、伝承はあなどれません。文体、内容がエレミヤ書に通じており、何よりも共に持つ「暗さ」ゆえの響き合いが感じられます。

この五つの詩は、紀元前587年にエルサレムがバビロニア人によって陥落された経験を背景としています。この出来事によってユダの民は心に大きな傷手を負いました。それは信仰の危機でした。神がいるならどうして？　という思いのぬぐえない大きな傷でした。

哀歌がこの危機に対する応答であったのは間違いないでしょう。この詩をつくった詩人たちは、それぞれの置かれているところでその破れを繰り返し思い起こすことで、出来事の意味を問い続けました。理由づけすると矮小化してしまうような出来事に対して、苦難の原因を説明したのではなく、問い続けたのでした。その詩の中に見いだされるのは嘆きや悲しみの感情的な激しさだけではなく、問い続けることにより与えられた、エルサレムの灰燼から不死鳥のようにわき上がる信仰でした。この詩が礼拝の中で繰り返し読まれることで、傷を癒し、自分たちの悲劇と痛みに耐えて生き、神に問いを投げかけられるようになりました。哀歌の癒しの力は、悲劇と悲嘆に耐えて生き、その悲しみを神と人とに分かち合うすべての人に開かれています。

今日朗読した第三の詩は、個人の嘆きの歌の形をとっています。詩人は嘆きと絶望という暗黒の中で危機的な体験を表現し、それを堪え忍んで生き抜き、神に到達して神の恵みは変わらないことの再度の確信を求めています。この詩の中で語る人は、自分が属する共同体の経験を代表する者として描かれています。エルサレムの危機、民族の没落を自分の問題として受け止めようとしています。

25節からの3行は「トーブ」ということばで始まっています。新共同訳では「幸いをお与えになる」「幸いを得る」と訳されています。「よい」という意味のことばです。創世記第1章の中で繰り返される宣言「見よ、極めてよかった」の「よかった」と訳されている言葉もこの「トーブ」です。辞書には「すべての多様な意味での『良い』」という意味で載っています。ヘブライ語の飯郷友康先生にお伺いしましたら「日本語でいちばん近いのは『うまい』という言葉だ」と返ってきました。「うまい」という言葉はあいまいなようですべてを物語っており感覚的にいちばん近いようです。

　詩人がこの中で「よい」とうたっているのはどのようなことでしょうか。まず25節では「神はよい」といっています。「ヤハウェは、よい」。「ヤハウェに望みを置く魂にとって」「ヤハウェは、よい」と言われています。神を待つ者にとって神がいかに「よい」かが述べられています。次に「沈黙して救いを待ち望む」ことが「よい」といわれています（26節）。そして「若いときに軛を負うこと」が「よい」といわれています（27節）。

　待つ、ということばには諦めというか、わびしいニュアンスが伴いがちです。しかし、ここでの「待つ」はそうではなく、信仰における積極的な態度が表現されています。この詩人は、苦しい出来事は神の裁きの結果であると信じています。それが神の裁きであるならば、神に申し開きするのは無意味なことです。なすべきは口に塵をつけ、沈黙して救いを待つことのみであり、「よい」とこの詩人は残しています。

今、神学生として生きるただ中にあって、これから牧師になっていくために、「沈黙する」ことが鍵として与えられていると感じます。本日の聖書の「主の救いを黙して待てば、幸いを得る」(26節) という御言葉が心のうちで響きます。

私は沈黙できない人間です。とりわけ、自分のかつての心の傷と痛みに対し、沈黙できない者です。

私には通奏低音のように消えない希死念慮があります。そして決して忘れることのできない、そして生きることを蝕む心の傷があります。その傷ゆえに教会に招かれたことも心から信じていますが、「この世で起こることは教会でも起こる」という言葉通り、神学校に入る前にはそれほど考えなかった現実の教会への失望感が今、自分にのしかかっています。神学校に入学すると信仰が壊れる、といいます。私にとって信仰とは教会への信頼でした。私にとってその信頼が壊れる決定的な出来事は、1年の夏期実習扱いで東日本大震災の被災教会に送っていただいたことでした。被災地の教会のただ中にあって自分では背負いきれないものを見せつけられて、実習を終えて帰ってきてから、そこで見たものに押しつぶされそうでした。本当は、自分の体験したことを伝えたいのに、それすらかなわず、傷を増やしていくだけでした。時間が経って呪縛から解き放たれ、ようやく本当のことを話せるようになりました。でもその時には、話を聴いてくれる人がいませんでした。それが恐くて仕方ありませんでした。牧師を含めて誰もがそこで受けた私の心の傷を軽く扱っているように思いました。そのために帰ってから決まった出席教会を辞めることになりましたし、つい最近もいまの出席教会を飛び出しそうになりました。

思い返せば、私は自分の傷を人にさらすことで生きながらえてきました。話を聴いてもらうことで自殺を回避してきました。依存といえば依存なのでしょうけれど、自殺を選ばないと決めた以上、それしか手段がないように思っていました。

生きることを困難にする傷は癒されなければなりません。その傷のゆえに人と関われないと思うなら、傷にこだわるのをやめなければなりません。

神学校生活も3年目になり、ここに招かれたときからあった召命に加え、また新たな召命が与えられていると感じています。新たな召命を含めて私には**3つの召命**があります。**「死なずに生きて神を証しすること」「行きたくないところに連れて行かれること」**そして**「人の傷に塩を塗らずに話を聴ける牧師になること」**です。特に「人の傷に塩を塗らずに話を聴ける牧師になること」のために、自分の過去の傷への沈黙、そして救いが必要なのだと思います。私には神が必要であるし、「信じているから信じている」という素朴な信仰が必要だと気がついたのは本当につい最近です。

「人の傷に塩を塗らずに話を聴ける牧師」という言葉で思い出すのは、私の受洗牧師です。弱視の牧師で、目が不自由な分だけあらゆるものが見えているのではないかと思わせる人でした。自分は沈黙し、人の話を聴くことで人に仕え、人を癒せる人でした。ある意味沈黙して、20年以上あの教会に仕えておられます。叶うならあのような牧師になりたいのです。

沈黙できないのは、黙っていられないのは、まだ自分に何かできると思うからではないでしょうか。することがあると思うからではないでしょうか。人の力でできることもあるでしょう。しかし、自分ではどうすることもできないものが現実のただ中には存在します。沈黙とは、消極的な行いではありません。すべきことを怠る責任放棄でもありません。万策尽きたあとに、積極的に神を待ち望み、神からの救いを、御手の働きを待ち望むことです。神を信じているからこそ信頼して沈黙できるのではないでしょうか。私も、自分自身の苦しみに対して沈黙して、命の源である神に委ね、救いを待ち望みたいと思います。人の痛みを受け入れていくために。傷む人に寄り添っていくために。

この詩人が告白したように、30節からの御言葉に心から信頼したいと願います。

主は、決して
　あなたをいつまでも捨て置かれはしない。
主の慈しみは深く
懲らしめても、また憐れんでくださる。
人の子らを苦しめ悩ますことがあっても
それが御心なのではない。（30～33節）

命の源である神の願いは、人が苦しみにとどまって生きることではなく、自立して、喜びの中で生きることだと信じるからです。

お祈りいたします。
すべての命の源である神さま、御名をあがめて賛美いたします。このように語る機会を与えてくださりありがとうございます。今あなたに心から信頼して、自分の痛みに対して沈黙したいと願っております。あなたを信頼しますから、どうかそれにこたえて過去の苦しみ、過去の痛みから解放されていくことができますようにお願いいたします。命の源であるあなたを心から信頼して、あなたに仕え、あなたを証ししたいと願っております。どうかその願いを全うすることができますように。この神学校のために祈ります。どうかこの学びの場が、命の源である神、あなた御自身を証しする神学校としてふさわしいところになりますように、ひとりひとりをかえりみてください。この祈りを尊き救い主、イエス・キリストの御名によって祈ります。アーメン。

（2013年5月15日　農村伝道神学校）

傷によって共に生きる（ヨハネによる福音書20章24～29節）

本日与えられた聖書は、みなさんもよくご存じの「疑い深いトマス」の物語です。トマス（双子）というあだ名で呼ばれるイエスの弟子のひとりがイエスのみ傷を示され、信じない者ではなく、信じる者に変えられた、という多くの人の心をひきつける美しい物語です。本日の朗読箇所の直前、20章のはじめから聖書を読み進めますと次のようなことがわかります。十字架で殺され葬られ、死から起こされ、そして週の初めの朝によみがえられたイエスは、まずマグラダのマリアに現れ（20：11～18）、同じ日の夕方（19節）、ユダヤ人を恐れて自分たちのいる家の戸に鍵を掛けて閉じこもっている弟子たちに現れました。そして本日の箇所となるわけですが、読み進めていくとその中にトマスはいなかったことがわかります。なぜトマスはよみがえられたばかりのイエスに出会えなかったのか、イエスはトマスには会ってくださらなかったのか聖書には書いてありません。トマスが他の弟子たちにくらべて特別疑い深かったから、と私は思いません。聖書にある4つの福音書は共に、捕らえられ十字架で殺されつつあるイエスを男性の弟子たちは見棄てて逃げたと証言しています。また、本日の聖書によると弟子たちはユダヤ人を恐れて鍵をかけて閉じこもっていたことがわかります。そこには殺される前のイエスの言葉など忘れてしまい、信仰も信頼もあったものではない態度を示していると言えそうです。彼らを支配していたのは、恐れでした。そこにはトマスと態度が大きく変わるものはありません。

とはいえ、トマスは、自分一人だけよみがえられたイエスと再会できなかったことで、うらやましく感じていたに違いないと思うのです。他の弟子たちに「わたしたちは主を見た」(25節a)と伝えられたとき、当然に、イエスが恐れのただ中にある弟子たちのところに来てくださったこと、そして真ん中にたって「あなたがたに平和があるように」(19節)と祝福してくださったこと、そして何よりもそれを「見て喜んだ」(20節)ことを伝え聞いたにちがいありません。だからこそ「あの方の手に釘の跡を見、この指を釘跡に入れてみなければ、また、この手をその脇腹に入れてみなければ、わたしは決して信じない」(25節b)という、少ししつこいと思わせる言葉になって現れたのではないでしょうか。ただ「わたしも会いたい」ではなく、ここまでの切迫した表現に私は、トマスのそれだけの切実さ、「わたしも傷を負ったイエスと再会したい」という切望、そして「主を見て喜んだ」（20節）という他の弟子たちへの「うらやましい」という思いを見るような気がします。トマスの「自分自身の目で確かめ、そして出会わなければ、その喜びの中に加わることはできないという思い」を感じ取れるように思います。やはり、トマスもその喜びの中に入り、他の弟子たちと共にその喜びを分かち合いたかったのではないでしょうか。

8日の後、イエスは再び弟子たちの元に現れます。その前と同じように「戸にはみな鍵がかけてあったのに」イエスは「来て真ん中に立ち」（26節）、また同じように「あなたがたに平和があるように」と祝福されます。前と違うのはそこにトマスがいることです。イエスはトマスに「あなたの指をここに当てて、わたしの手を見なさい。また、あなたの手を伸ばし、わたしのわき腹にいれなさい。信じない者ではなく、信じる者になりなさい」（27節）と言われます。これによってトマスの「あの方の手に釘の跡を見、この指を釘跡に入れてみなければ、また、この手をそのわき腹に入れてみなければ、わたしは決して信じない」（25節）という言葉をイエスは受けとめ、トマスそのものを受け入れてくださいました。トマスは自分の言葉、願いが受け入れられたことを知って心から喜び「わたしの主、わたしの神よ」（28節）と告白します。

この物語を読むにつけ、私は「なぜ、よみがえられたイエスのみ体には傷が残っていたのだろうか」と不思議に思います。神が全能なら、また人知を越える奇跡を起こされるかたなら、傷跡など残さず消してよみがえられてもよかっただろうに、と。

よみがえられたイエスの肉体に傷が残っていることがはっきりとわかる記事は、ヨハネによる福音書のここにしかありません。他の福音書にも、パウロによる復活のキリストの証言の中にも、他の手紙の中にもありません。ヨハネによる福音書独特の記録です。これは手話のできる友だちから伺ったのですが、手話で「イエス」は「手に傷のある男」と表現するそうです。また多くのキリスト教絵画の中でも、その絵の中で描かれる「よみがえられたイエス」にはやはり傷があります。ヨハネによる福音書の中にしかない記述であっても、それがことのほか大きくわたしたちのイエスのイメージの中にあり、わたしたちの心をとらえることに疑いの余地はありません。

また、ヨハネによる福音書は、もともと20章31節で終わっており、21章以下はペトロの権威が増していく中でペトロを弁護するために後代に加筆されたことをうかがわせる説があります。あくまでひとつの仮説ですが、それが本当ならば、このいわゆる「疑い深いトマスの物語」はヨハネによる福音書の中でいちばん最後の物語ということになります。時代が過ぎて、人間として地上を歩まれて、そして十字架につけられ殺され、神によって起こされるというイエスのご生涯の一連の出来事を間近で体験した最初の人たちが少しずつ世を去り、地上を歩んだイエスを記憶している人たちから直接聞けなくなる中で福音書は書かれます。本日の記事は、直接イエスにまみえることがない世代の信徒であったとしても「見ないで信じる」ことができるなら、それは祝福された信仰であると宣言しています。「見ないのに信じる人は、幸いである」（29節）という言葉は、ヨハネによる福音書を読み、耳で聞いた人たちへの祝福の言葉でもありました。そうであるにしても、よみがえられたイエスの体に傷が残っていたことがわかるこの物語がヨハネによる福音書の最後に書かれたということは、ヨハネによる福音書の担い手の意図を越え、わたしたちに訴えかけると思うのです。

この記事を読みながら思い出すことがあります。それはもうそろそろ2年前ですが、神学校1年目の夏休み、東日本大震災の被災教会に派遣していただいたときのことです。その教会は震災による津波で会堂と牧師館の一階部分が全浸水するという甚大な被害を受けました。8月から9月、結局神学校の夏休み期間ずっとそこで過ごすことになったのですが、その二か月は、わたしにとって「忘れられないなら一生苦しむ覚悟を持とう」と決心しなければならないほど忘れない傷として残る出来事でした。永遠に感じられるくらい長い二か月でした。

外で会堂を眺めながらその教会の牧師と立ち話をしているときに、彼はわたしにこんなことを言いました。「この教会を『傷跡の残る教会』にしたいんだよ。傷は癒えても傷は残るんだよ。元通りには戻れないんだ。復活したキリストさんにも傷はあっただろ？」彼自身もいわば自宅と職場が同時に破壊された被災者であり、その被災体験の中からの実感として「津波が来る前には戻れない」ということを味わっていたのだと思います。

また、外の世界から来たボランティアにも、「今までの人生の中で『津波にあった』と言っていいような引き裂かれる体験があったからこそ、あの場に招かれた」という人が少なくありませんでした。本人にその自覚があるかないかを問わずそのように感じることがありました。その実習中に与えられた主日礼拝の説教奉仕で次のようなことを語りました。

「津波による被災でこの教会も大きな傷手を負いました。もう見ればわかると思うくらい。壁がはがされているところまで波が来たと外から来る人には説明しています。傷ついた教会、傷ついた礼拝堂で今日もこうして私たちは礼拝を守っています。この教会に招かれる人は、牧師も、教会員も、津波で被災した人も、実際津波をかぶらなかった地元の人も、そして外から来るボランティアも、それぞれ多かれ少なかれ傷を持っている、傷を負っているということをこの一か月で痛感しました。津波で被災をしなかったとしても、傷つかなかったとしても他のことで被災をしています。外から来たボランティアも人生のいろんな場面で、津波といってもいいような連れ去られていく、引き裂かれる、そんな体験をどこかで持っているのではないかと思わされました。傷を持っているという点で私たちは集められるべくして集められたのだと思います」

その礼拝後、ある女性のボランティアのかたとお話ししました。「なんでわかったの?」と言われました。そのかたは息子さんを交通事故で亡くされた過去を抱えていました。礼拝の前にはそのような話は全くする機会がありませんでしたので、驚いたことを覚えています。

あの二か月のおかげで、あらゆる人が傷を抱えて生きているということに、そしてその傷に敏感に反応するようになりました。そして、被災地の外に出てからも、出会うあらゆる人が傷を抱えて生きていることに気がつきました。お互いの傷で支え合い、励まし合うことも、また傷付け合うことも、両方とも体験することになりました。

わたしたち誰もが傷を負っているのです。そしてその傷は、よみがえられたイエスに傷が残っているように、癒えても残りつづけます。誰もが生きる中で傷を負い、残る傷がある点で、わたしたちは兄弟姉妹であり、家族であります。わたしたちはそれを忘れがちではないでしょうか。傷を見ないことでなかったことにしようとしているのではないでしょうか。そして、自分自身の傷にも、他の人の傷にも、その傷に対して無頓着すぎるのではないでしょうか。よみがえられたキリストには傷があるのです。その傷跡は残っているのです。

キリストが傷を残してよみがえられたのは、わたしたちが傷を残して生きねばならないからだと私は思うのです。キリストが傷のない姿でよみがえられたのなら、もしかしたら傷のないキリストとわたしたちは関係がないといってもいいかもしれません。傷が残らずよみがえるということは、わたしたちの生きていくただ中ではありえないからです。

キリストが傷を残してよみがえられたのは、それぞれに傷を持つわたしたちを「傷によって共に生きる」という生き方に招くためだったのではないでしょうか。わたしたちには傷があります。なら、その傷によって共に生きることはできないのでしょうか。傷によって傷付け合うのではなく、それに対して思いやりをもって、愛し合うことはできないのでしょうか。決してそうではないと信じています。

あの教会実習で語った説教の言葉をまた改めて繰り返したいと思います。「イエスは傷をもって復活しました。それはわたしたちが自身の持っている傷、残り続ける傷によって互いに共感し、共に苦しみ、共に歩むためではないでしょうか。それぞれ違うわたしたちがその違いを認め合ったまま、同じ夢を見るためではないでしょうか」と。

互いの傷によってわたしたちは響き合い、支え合い、愛し合うことができるのではと思うのです。

傷を残してよみがえられたキリスト・イエスは、トマスに、そして弟子たちに傷の残る手と脇腹をお示しになったように、わたしたちにもその傷を示してくださっています。そして傷を残してよみがえられたこのキリストは、今もわたしたちと共におられるのです。

お祈りします。

すべての命の源であり、イエスを死から起こされた神さま、御名をあがめて賛美いたします。よみがえられたキリストには傷があること、そしてその御傷がわたしたちにも示されていることを感謝します。わたしたちがキリストの傷によって、そしてわたしたちがそれぞれに抱える傷によって共に生きることができますように、導いてください。そして、わたしたちがそのことを、見ないで信じることができるように、信じ続けることができますように。

この祈りを死んで起こされたわたしたちの友であり主であるキリスト・イエスの御名によって御前にお捧げ致します。アーメン。

（2013年6月13日　農村伝道神学校）

マーゴイとしての牧者（マタイによる福音書2章1〜12節）

おはようございます。

農村伝道神学校3年の北口沙弥香と申します。本日は神学校日礼拝に招いてくださりありがとうございます。現在、私は神学校の最寄りの鶴川教会に通っています。牧師はかつて20年ほど前にこの教会の牧師でもありました瀬戸英治牧師です。瀬戸牧師は私の父と2歳しか変わらないので、私にとっては父親のようで、なんというか親しさがあります。本日は瀬戸牧師にあやかって、ピンクのシャツで来ました。

本日はマタイによる福音書2章1節から12節が与えられました。本日は、イエスの降誕物語のひとつである東方からの占星術の学者たちによる来訪の記事から、イエス・キリストがどのような働きをされたかたであったのか、ひいては私がどのような牧師を志すのか、お話したいと思います。

そのマタイによる福音書2章1節から12節には、先ほど申し上げましたように、いわゆる東方の博士の来訪の物語があります。マタイによる福音書によれば、お生まれになったイエスに最初に詣でたのは、新共同訳でいう東方から来た占星術の学者であったと証言されております。

まず「占星術の学者」に着目したいと思います。今、新共同訳の翻訳に従って「占星術の学者」と申し上げましたが、みなさまはどのようなイメージを持ってこの人物たちを思い描いておられるでしょうか。よくクリスマスのページェントでは「ひがしのはかせが」というように、またみなさんよくご存じの「まきびとひつじを」の賛美歌の歌詞に「博士は輝くその星たよりに」とあるように「博士」のイメージを持つかたもおいででしょう。また、絵本にはその博士たちに王冠がかぶせられたりするので「外国の王様」というイメージもおありでしょう。また「占星術の」というところから「魔法使い」というか「魔術師」を連想されるかたもいらっしゃるでしょう。

この「占星術の学者」とは、原典を開きますと「マーゴイ」という言葉がそれに該当します。これは複数形で、単数形では「マギ」となりますが、イスラエルから見て東の異邦の地で、当時としては最高の学問体系であった天文学、占星術の担い手でありました。ある注解書には「ペルシャの宗教的権威であり祭司」といった書かれ方をしております。そういう意味では新共同訳の翻訳は適切といえそうです。

また、例えばイザヤ書49章7節の「王たち見て立ち上がり、君候はひれ伏す」というヘブライ語聖書の言葉と結びつけられてこの「マーゴイ」は「王」であると解されてきました。異邦の国の王様が、本当の「王様」であるイエス・キリストに詣で、真の王であるかたに、この世の王にするように「黄金、乳香、没薬」の贈り物をした。そして、この地ユダヤの王様であるヘロデがそれを妬んで亡き者にしようとした。伝統的にそう読まれてきたところがあります。マーゴイを「王」だとすると、ここには「王様」しか出てこないわけですね。私たちはマーゴイを「王」と言わなくても、「他の国の偉い人が、本当の偉いかたにひれ伏した」とこの物語を読んでいるのではないでしょうか。「王なるキリスト」という信仰告白があるくらいですから、そのような読み方もまた人の心をとらえるものがあったのだろうと思います。

しかし、私はあえて「マーゴイ」の別の働きから、イエスはどのようなかたであったのかに思いを向けたいと思います。

今日の説教題ですが、聖書と讃美歌と説教題を決めて牧師先生にメールでお伝えした時点では、実はただ単に「マーゴイとしての牧者」でした。それに対して先生から「『マーゴイ』を日本語の訳をつけるとしたらどうなりますか？　地域の方々にも、看板として掲示するので、わかりやすく訳をつけたほうがよいかなと思いました」とご返信をいただきました。実は「マーゴイ」にはさまざまな役割があるのでひとつの翻訳はつけたくありませんでした。日本語訳をつけると若者言葉でいうところの「ネタバレ」というか「お話の内容がまるわかりになってしまう」のであまり気が進みませんでしたが、悩んだ末に「癒し人」としたのです。今朝看板を見てメールの意味がわかりました。ホームページで見たように、バスを降りて直進すると、あの説教題の看板に出くわすわけですね。インパクトがあってうれしくて携帯で写真をとってしまいました。「これはわかりやすいほうがいい」と思いました。説教看板を美しい字で書いてくださりありがとうございます。話を戻しまして「癒し人」「治療者」「治癒者」「医者」という働きをこの「マーゴイ」たちは担っていたのではないでしょうか。

あまり一般的な解説ではありませんし、調べ物が得意ではない私が知っているのはこれだけなのですが、本田哲郎神父が『釜が崎と福音』という著書の中で、治療者としての「マーゴイ」を紹介しています。少し引用します。

「『マーゴイ』とは博士でも王様でもなく、占い師です。占い師は医者とカウンセラーの役割もする、原始的な形で人の悩みを受け止める人たちです。病人がいたら、あの薬草、この薬草といろいろ試したり、病気の元とみなしていた悪霊を払ったり、病人の痛みを我が身に共有するというようなことです。すると、病人は『あ、自分だけではなくて、目の前の相手もいっしょに、この痛みをわかってくれている』と気持ちが楽になる。コンパッション、つまり共に苦しむことで癒しが行われる。これが占い師＝『マーゴイ』でした」（『釜が崎と福音』135頁）。

福音書を読み返すと、イエスの癒しもまたそのようなものだったと思うのです。そう考えるとイエスもまた、この点でマーゴイと同じ働きをになっていたと言えそうです。つまりこの物語はマーゴイが「まことのマーゴイ」であるイエスに詣でた、ということになるでしょう。

イエスの癒しがどのようなものだったかということで取りあげたいのはマルコによる福音書の9章14節からの物語です。共観福音書すべてに共通するこういう物語です。

イエスの弟子たちと律法学者が論争をしておりました。悪霊に取りつかれて痙攣を起こしている息子をその父親がイエスの弟子のところにつれてきましたが、弟子たちはその息子を癒せなかった、そのことについてでした。それを見てイエスは「なんと信仰のない時代なのか。いつまでわたしはあなたがたと共にいられようか。いつまで、あなたがたに我慢しなければならないのか」（マルコ9：19）と憤慨され、その息子をイエスのところに連れてくるように言われました。弟子にはできなかった、癒しをイエスはなさいました。のちに弟子たちは人のいないところでイエスに尋ねました。「なぜわたしたちはあの霊を追い出せなかったのでしょうか」それに対してイエスは「この種のものは、祈りによらなければ決して追い出すことはできないのだ」と言われました。

癒しと祈り、ということがここでは問題にされるわけです。神学校には修養会という一泊二日の学生・教師は全員参加が原則の行事があり、今年度は聖書学者の佐藤研さんをお招きしました。一日目の夜、懇談会というような雰囲気になり、「癒し」のことが話題になりました。佐藤研さんはこの物語をとりあげて、このようなことを言われました。「この息子と『ひとつになる』ことができれば、この息子は癒された。弟子たちにはそれができなかった。それが『祈り』によって癒されるということである」と。イエスの癒しはまさしくこの「ひとつになる」ことで、その人の痛み、苦しみがわかることによって行うものであったように思います。繰り返しになりますがその点で「マーゴイ」と同じ働きをしたのでないかと思います。

神学校に入学してからの2年半で「なりたいと願う牧師像」が変わりました。まさか入学前には本日のような話をするなんて思っても見ませんでした。そのように変えられた決定的な出来事は、1年目の夏休みにある被災教会に教会実習という扱いで送っていただいたことです。みなさまもよくご存じだとは思いますが、この教会は2011年3月11日に起こった東日本大震災による津波で甚大な被害を受けた教会のひとつです。その教会の牧師から「教会実習として誰か送ってほしいという」依頼が神学校に来ました。6月の末でしたので、先輩方の実習先は決まっており、行けるとしたら1年生のみという状況でした。牧師の弟さんを札幌時代に知っていて「気になる教会」であったこともあり、また「呼ばれた」と思って、その教会実習に行くことを決断しました。

今の今まで、あの教会実習での二か月を適切な表現で他の人に説明できません。話しても人には「わからない」と言われます。私も何が「わからない」のか、またなぜ「わからない」のか理解できず、口をつぐんでしまいます。人には、または自分でも「わからない」けれど「苦しい」ということも私は「ある」と確信しています。でも、そういうものだということすら伝わらず、苦い思いがします。それでも、その聞いてくださっているかたがわからないなりに耳を傾けてくださるときは心から感謝できます。その一方でささいな一言でひどく傷付けられる体験を繰り返しました。

あの二か月で、私は「見てはならないもの」を見続けてしまったのだと思います。あのときは震災から六か月経ち、壊れてしまった街の中でそろそろ震災のただ中から現実に戻っていくという状況でした。

その中で、牧師も教会堂と牧師館の一階部分が水につかるという、言ってみれば自宅と職場が同時に被災している状態でした。自分自身も傷ついているのに、混乱の中でボランティアと来客対応に追われて疲れきっていました。気がついたら礼拝堂の椅子に横になって寝ているその牧師の姿が、今でも目に浮かびます。

自分自身が傷ついているからこそ、聴いてもらいたいという思いをもっていたからこそ、その牧師は教会の前に、傾聴の場を設けていくことになります。

実習期間中に私の母教会の牧師夫妻が来てくださいました。札幌にあります(日本キリスト教団)真駒内教会の田中文宏牧師、田中真希子牧師です。真希子先生の実家が横浜で、夏期休暇の終わりに実習先教会に寄ってくださいました。

その日は真希子先生が私の話を、文宏先生が地元のかたのお話を聴いてくださいました。

電車の時間も近づき、そろそろ出発しなければならない時間となり文宏先生が「僕、そろそろ失礼します」と丁寧に席を立とうとしたときのことです。文宏先生に話をしていたそのかたが泣きながら「ありがとう。ありがとう」と先生と握手をしていました。私の中では、今でも印象的な光景として、それが残っています。率直に言って「実力を見せつけられた」と思いました。

思えば、特に文宏先生は「傾聴」という言葉ができる前から、流行る前から「傾聴」によって人に仕え、弱さを抱える方とともに生きておられるかたでした。

先生は、中学の時に目の病気のために弱視の障がいを持たれて、盲学校の教師となるべく大学に進学なさいました。そのときに北森嘉蔵の『神の痛みの神学』に出会って牧師となることを志し東京神学大学に入学、卒業後は高知で牧会に携われたそうです。須崎での経験から「牧会カウンセリング」の必要性を痛感して、アメリカの神学校に留学後ずっと20年以上その教会で牧師をなさっています。私もその文宏先生の姿勢に養われてきたのだと思いかえします。

こんなことがありました。

私は神学校に入学する前の年に、一年勤めた無認可幼稚園を解雇されることになりました。私にも悔いてしかるべきところもあったのでしょうが、あの放り出されかたは今でも納得できかねる解雇でした。非正規雇用で雇用保険もなく、翌月から冗談ではなく無一文という状況になりました。

解雇が確定した日の帰り、教会に立ち寄りました。自宅から徒歩15分ですからすぐ行けるところに教会はありました。その時、最初真希子先生に話を聴いていただき、文宏先生が帰ってこられて、それから3時間以上泣きながら話を聴いていただきました。私のことを責めず、裁かず、非難せず、話を聴いてくださいました。

そろそろ帰るというときに「ちょっと待ってて」と言われ、先生が一度牧師館に戻られました。「これ、菓子パンとお菓子。食べてね。食べなきゃだめだよ」と食べ物の入った袋を渡されました。音もなく涙があふれました。本当に音もなく、だったのでしょう。目の見えない牧師は「どうしたの?」という顔をしていました。

それからまもなく仕事が見つかりました。文宏先生があのような関わり方をしてくださったから、文字どおり死ぬことなく生きのびられたのだと思います。そして「人間、やりたいことをやらなければ変われない」という思いがわき、神学校に行くことを決意しました。そしてあの神学校への入学にいたったのでした。

思いかえせば、被災地から帰ってきたあとにも、私の言うことを責めず、裁かず聴いてくださったのは、やはり文宏先生でした。もうすぐ２０１１年も終わるという12月30日、実家に帰る前に札幌に立ち寄れました。また教会を出る直前まで話を聴いていただきました。当然、実習の話にもなりましたが、先生には安心して話ができると思いました。先生にも話せないことはいくらでもありますが、それをさらさなくても受け止めていただけていると思えました。

先ほど、マルコによる福音書9章の物語から「ひとつになる」ことに触れました。「ひとつになる」というのは、癒しを行う者が癒される者に同化することではないと思うのです。癒されなければならない者が「受け入れられた」と体験できるようにすることだと思うのです。人が「受け入れられた」と思えるのは、自分の思いや感情が否定されず、それが届いたと思えたときではないでしょうか。それは、もしかしたら多少の努力と想像力があれば、決してできないことではないと思うのです。

イエスは癒しを行いました。イエスに倣うなら、従うなら、そう願うすべての人が癒しにおけるイエスの生き方をめざさねばなりません。現代はイエスの時代のように「悪霊がすべての煩いの原因」だと信じることはもはやできません。イエスの時代のような祈れば一瞬で疾病が癒されるような劇的な奇跡は現代ではそうそう起こらないでしょう。ただ、私たちが傷ついた人に寄り添い、正しい意味で「ひとつとなる」ことができれば、その人がまた立ち上がる「小さな奇跡」を起こしていけると、私は信じます。

それゆえ、私が現実に牧師になろうがなるまいが関係なく「マーゴイとしてのイエス」「マーゴイとしての牧者」を志したいと思います。「傷に塩を塗らずに話を聴ける牧師」というのが私のテーマとなりました。この決意が全うされるよう神に祈り求めていきたいと願います。

お祈りします。

すべての命の源である神さま、御名をあがめて賛美します。キリストであるイエスは、癒し人として世にあって業をおこなわれました。それは、異邦の地からイエスに詣でたマーゴイのように、痛むその人とひとつになることでした。人の悩み、苦しみと共に生きられたかたでした。私たちもそれに倣うことができますように、知恵と力とをお与えください。語る機会を与えてくださりありがとうございます。このたび私を招いてくださったこの教会のために祈ります。どうかこの教会の宣教が祝福されますように。牧師をはじめ、ひとりひとりの生き方そのものが、あなたのみ栄えをあらわすものとなりますように。この祈りを、痛む者と共に生きた私たちの癒し主、イエス・キリストの御名によって祈ります。

（2013年10月13日日本キリスト教団まぶね教会）

神さまとケンカしに来ました（創世記32章23〜32節）

「神さまとケンカしに来ました。」

これは農村伝道神学校入学式の礼拝のあと、挨拶するよう促されて言った言葉です。東京に来る前の8年間、私は札幌に住んでいました。今でも札幌に帰るたびに母教会の田中文宏牧師（ご夫婦そろって牧師なのでいつも文宏先生とお呼びしています）に会いに行きます。一週間だけ帰った9月には、ご葬儀が終わった直後にもかかわらず、東京に帰る直前まで教会の近くのファミレスで夕食をご馳走になっていました。

あまりこみいった話はしませんでしたが、名残りを惜しみつつ席を立ったとき、先生はいつも通りに微笑んで言われました。「北口さんを見ているとね、ヤコブが御使いと取っ組み合いしてるみたい。祝福してくださるまで離さないって」と。

「あれ、神さまじゃなくて、御使いでしたっけ?」「あれは御使いですね」なんてやりとりしながら冒頭の自分の言葉を思い出しました。神学校に入ったのは「聖書と、パウロと、イエスと、そして神さまとケンカするために来た」のでした。札幌から離れがたくて、帰りたくなくて「飛行機が飛ばなければいいのに」と思いつつも、自分の言葉を思い出し、覚悟を決めて札幌を後にしました。

入学式礼拝では校長のヨブ記の説教に触発されました。入学式を迎えるまでの経緯に思いをめぐらせ、人生のひとつひとつが報われた気がして号泣しました。礼拝の後に求められた挨拶では、校長に「北口さん、もうそろそろ……」と止められるまで泣きながら神学校に招かれた経緯を話しました。その長い挨拶の最後に出てきた言葉が「神さまとケンカしに来ました」でした。これは「ここから人生をやり直す」という決意から出た言葉でもあります。そしてこの言葉を発するにあたり脳裏によぎったのはやはり、ヤコブが神とも人ともわからない者とヤボクの渡しで取っ組み合いをした物語でした。

この物語を読むと「ヤコブは誰と闘っていたんだろう」と不思議に思います。ヤコブと相対した者は何者だったのでしょう。

新共同訳を見ますと、26節では「その人は」27節も「その人は言った」です。ヤコブと格闘した者がヤコブを祝福する言葉は「お前の名はもうヤコブではなく、これからはイスラエルと呼ばれる。お前は神と人と闘って勝ったからだ」（29節）です。その言葉をいったのは「その人」（29節）です。ヤコブは「わたしは顔と顔とを合わせて神を見たのに、なお生きている」（31節）と言います。ヤコブにとっては、それは間違いなく「神」だったのでしょう。ただ、ヤコブと格闘した者は、自分自身のことを神とも人とも言っていないように思います。ただ「神と人と闘って勝ったからだ」と言ったのみです。この格闘した者は神であり人だったのでしょうか？　註解書を調べてもはっきりしたことは書いてありません。母教会の牧師は「あれは御使いですね」と言っていましたし、私は神とケンカした話だと思っていました。他の人に聞いても読む人の印象によって変わります。しびれをきらして改めてヘブライ語の飯郷友康先生に「29節の『お前は神と人と闘って勝ったからだ』の『人』って何をさしているんですか」とフェイスブックで聞きました。「ねえ。ありゃ誰なんだろうな」と返ってきて思わず笑ってしまいました。学問的には「わからない」が正確かもしれません。

もしかするとこの記事は、生きているただ中には「人と相対しているように見えて実は神と格闘していた」こともあると伝えていて、後から振り返るとその時「顔と顔を合わせて神を見た」と言えるのかもしれません。

であればなおのこと私は自分の入学式での挨拶の言葉「神さまとケンカしに来ました」という言葉に「人と本気で真正面からぶつかる」ことを含めたいと思います。神とケンカをするからには、人とも本気でケンカします。

神学校での3年間を初めから振り返ると、「文宏先生になろう」と無理をしていました。「柔和で謙遜」を絵に描いたように生きておられる、そして人の傷口に塩を塗らずに話を聴くことを宣教の課題にされている先生のお姿に感銘を受け、そこに近づきたいと私は願っています。一見地味で、華々しいことを言わないし、よく勉強されていることも普段は表に出さず、でも大切な働きをされていることを思うにつけ「先生のような人が増えてほしい」とも思います。そう思うならまず自分がそうならねば、という思いもあります。その一方、どう考えても人格モデルが違いすぎることにも気がついています。どうすれば先生のようになれるのか見当がつきません。

人格モデルがかけ離れていると気がついているのに「先生ならこんなこと言わないだろうに」と考えたり、自分を先生の型に押し込もうとしていました。文宏先生になるために、まだまだケンカをしたりないのかもしれません。また、自分自身の中にもけりをつけるべきことがありそうです。少なくとも今、ここでは「自分」を生きることを願います。「祝福されるまで離しません」という覚悟を持って。

祈ります。

いのちの源である神さま、御名をあがめて賛美します。私は、聖書と、そして何よりもあなたと格闘するために神学校に来ました。私にこの初心を思い出させ、自分を偽ることなくあなたと向き合い、格闘し、また人とも向き合うようにさせてくださいますように。またそのことが、闇雲に格闘することではなく、神と人を愛していく道につながっていくように導いてください。この祈りを、鳩のように率直であり、また蛇のように感性するどいあなたの子、イエス・キリストの御名によって祈ります。アーメン。

（２０１３年10月29日　農村伝道神学校）

行きたくないところへ（ヨハネによる福音書21章18節）

自己紹介で「農村伝道神学校の神学生です」と名乗らざるを得ないときがあります。自分から「神学生です」と言うのも正直気が引けますが、うそをつくわけにはいかないし、正直にそう言います。その後にはだいたいこんな質問が続きます。「なんで献身したの？」「なんで牧師になろうと思ったの？」特に「なんで農村伝道神学校なの？」はお尋ねのかたのまわりにこのマイノリティな神学校の出身者があまりいなくて物珍しさで聞いているのでは、と感じたりします。

なんにせよ茶飲み話や立ち話で簡単に答えられる質問ではないのにお聞きになるかたは意に介しません。きちんと答えないと不誠実だと思いながら、答えに窮する自分がいます。「なぜ献身したか」「なぜ農村伝道神学校だったか」という問いに答えるのは自分の半生を語るようなものだからです。特に「なぜこの神学校か」という点は「状況がそうだったから」もっといえば「招かれたから」としか言いようのない事情が、自分の中や周囲にあったからです。今日は、特に「なんでこの神学校だったのか」を時間が許す範囲でお話しします。

神学校に行きたいと思ったのは、受洗前後でした。それまで二年半ほど教会に通っていましたが、逃げていた聖書を一度は通読しなければ、教会員としての責務である伝道の使命が果たせないと特に感じていました。そこで受洗を決意したアドベントのおりから、洗礼を受けるイースターまでの三か月間で通読しました。新共同訳の翻訳はある程度整っていますが、それでも「わからない」と思いました。「これは読んだだけではわからない。ユダヤ人になりきらなければ、またギリシア人になりきらなければ『わかった』とは言えない」と思いました。そうして「いつか聖書を原典で読んでみたい」という思いが与えられました。大学4年で22歳の誕生日を迎えたばかりの時でした。

大学を卒業してからろくに就職できず、またいちばん初めについた営業の仕事が合わず、幻覚が見えて三か月たらずで辞めた後、精神科に通いながら三か月に一度職を変えるような生活をしていました。

2009年の春から無認可幼稚園で幼稚園の先生のような仕事をしました。そこを一年足らずで辞めることになりました。私の中では今までにないくらい落ち着いた一年だったのに、大変不本意な結果に終わりました。

その職は洗礼を受けた教会とは別に、並行して祈祷会に通っていた大学の近くのメノナイト派の教会の牧師から紹介されたものでした。職を失って間もなく、その牧師にこんなことを言われました。「献身を考えているなら、農村伝道神学校に行きなさい。瀬戸君っていう僕の弟子がいるから紹介してあげるよ」その牧師はかつて宣教師と組んで信徒伝道者として札幌で開拓伝道した過去があります。そこでは多くの方が神学校に通わないCコースで牧師になりましたが、「神学校に行かせなかった」ことを悔いていらしたのでしょう。またその教会からこの神学校に行った瀬戸牧師については「まともな牧師になった」とお思いのようでした。

今はそういった背景がわかりますが、当時はそのメノナイト派の牧師と農村伝道神学校のスタンスが違いすぎて、その牧師から「農村伝道神学校」の名が出るとは思ってもみませんでした。「意外な人から意外な言葉がでる」こと自体が啓示のように思われました。私がたまに口にする「神学校は信仰を壊すところである」という言葉はこの牧師から与えられたものです。

その前後から母教会の牧師夫婦にもたびたび相談するようになりました。受難週祈祷会や土曜日のイースターのたまごづくりにも参加していました。受難日祈祷会のあとぽろっと「神学校卒業したら北海道に戻って来れますかね」と牧師に言いました。牧師から「いや、どこにでも行くという気持ちがないと」と返ってきました。どきっとしました。

その年のイースター後の祈祷会では、四福音書のイエスさまの復活の記事を順に読むことになりました。今日の朗読箇所を読んだときに「これからは『行きたくないところへ連れて行かれる』のだ」と思いました。「行きたい所に行って読みたいものを読んで、という信仰生活は終わったんだ。これからは『行きたくないところに連れて行かれる』生き方をするんだ」と。

それから農村伝道神学校と別の神学校の受験要項を取り寄せました。農村伝道神学校のその年の卒業生からのメッセージに「牧師とは選ばれたり召されたりするのではなく自分で選ぶのだ。選ぶからには責任が伴う」という言葉がありました。他にも私の背中を押すさまざまなことが起こりました。

それから進学のためにアルバイトのかけもちをはじめました。

農村伝道神学校入学が決まったあと、ある人にこんなことを言われました。「農村伝道神学校？　いいんじゃない？　僕がいたころは楽しかったよ。あの神学校は『自分の問題をそのまま神学の課題にできる神学校』だよ」その人は、札幌で性的少数者（マイノリティ）のクリスチャンの集会で一緒だった人で、この神学校を中退しています。中退した人に「僕のいた頃は楽しかった」と言わせる神学校、素朴にいいなあと思いました。また、ある集会でのその人の証しで、この神学校の話になり余談で「未だにクリスマスカードをやりとりする人がいる」と言っていました。そういう友情が続く神学校、たとえ牧師にならなくても、そういうものが残る神学校と聞いて心に残ったのも、受験のきっかけだったかもしれません。

私が受験したのは秋入試でした。午前中の試験が終わって、昼食の時間にお茶を入れていると、高柳先生に声をかけられました。「高橋　一（はじめ）君知ってる？　彼は親友であり戦友です」高橋　一先生は私の母教会にご家族で通われている酪農学園大学の宗教主任の牧師です。誰も知っている人がいない中、高柳先生に声をかけていただき、うれしかったのを覚えています。入試のあと、高橋　一先生にお伺いしましたら「高柳先生ね。論客になってしまって心配している。昔から彼はね、『東京神学大学の○○さん』と、歌舞伎役者のあだ名がついてかっこよかったよ〜」と言っておられました。

私の入学式の時です。「誰も知らないところからはじめるんだ」という思いで私の神学校生活は始まりました。現に、こちらにはほとんど知りあいがいませんでした。同期は牧師の息子ですから、入学式のあと「お父さん知っています」「おじさん知っています」といろいろな人から声がかかりますが、私に声をかける人なんていないと思っていました。強がってみたものの少し寂しかったのを覚えています。

そんな中、私に声をかけてくださったのが、母教会牧師と神学生時代同じ教会にいらした農村伝道神学校の附属幼稚園園長の古谷健司先生でした。「うちの娘もさやかっていうのです」というささやかな一言がうれしく感じました。

入学式のあとの茶話会では大久保進先生が挨拶してくださいました。大久保進先生は母教会を開拓伝道した最初のメンバーで、のちにお医者さんをしながらCコースで牧師になり、札幌の西に新しい教会を建てた後、この神学校を聴講し、沖縄に行かれたという牧師です。「母教会から送られてきた週報を見て来た」と伺いました。嬉しい出会いでした。

気がつくと私はこの神学校に包囲されていたのでした。私の周りで直接関わりのあった牧師に、この神学校出身のかたはいません。関わりはどれも間接的です。それでも振り返ってみると「この神学校に行くしかなかった」、「縁」としか言いようのない、「招き」が確かにあったのです。

私は今でも、札幌時代にお世話になったメノナイトの牧師のお弟子さんが牧師をしている教会に通っています。それも入学してすぐにではなく紆余曲折を経た一年後から通いはじめました。それもまた名状しがたい導きと感じています。

これが私の「なぜこの神学校だったのか」です。

お祈りします。

命の源である神さま、御名をあがめて賛美します。本日は、私がこの神学校に入学するまでを振り返りました。簡単には言い尽くせない招きがあったと信じます。またさまざまなかたの祈りがあって本日を迎えていることを覚えます。この神学校での学びの期間もあと残すところ一年近くとなりました。どうか最後の時まで、あなたの守りがあることを忘れないようにさせてください。この神学校のために祈ります。この神学校もまたいろいろなかたの祈りと支えによって今もあることを感謝します。どうか吹けば飛ぶような小さな神学校をあなたが守ってください。この祈りを、私たちの救い主イエス・キリストの御名によって祈ります。アーメン。

（2014年1月22日　農村伝道神学校）

人は裁くことはできない（ヨハネによる福音書8章1～11節）

本日の聖書は、いわゆる「姦通の現場を捕らえられた女の物語」です。姦通の現場を捕らえられた女性が、ファリサイ派や律法学者によってイエスのもとに引き出されるのですが、それをイエスがお助けになったという物語です。

聖書によりますと、まずイエスは神殿の境内に座って民衆に教えを説いておられました（2節）。そこへ律法学者やファリサイ派の人々が、姦通の現場で捕らえられた女性を連れて来て真ん中に立たせて（3節）イエスにこう言いました。「先生、この女は姦通をしているときに捕まりました。こういう女は石で打ち殺せと、モーセは律法の中で命じています。ところで、あなたはどうお考えになりますか」（4～5節）これは6節にあるように「イエスを試して、訴える口実を得るために」律法学者たちはこのようなことを言ったのでした。これは大変危険な質問でありました。もしイエスが「モーセの律法に従ってこの女を石で打ち殺すがいい」と言われたなら、「神は罪人を赦すかたである」というイエスの教えと矛盾することになります。イエスに新しい権威を求めていた民衆は失望し、去ることになるでしょう。逆に「打ち殺してはならない」とお答えになったならば、モーセの律法を否定することになります。この女性は「姦通の現場」で捕らえられ、言い逃れができない状況です。「その者ですら赦せ」と言えば社会通念を侵し、人々の共同体感情を逆撫でします。また、モーセの律法を冒瀆（ぼうとく）したかどでイエス御自身が石打ちの刑に処せられる可能性があります。この質問は、諸刃の剣であり、イエスがどちらの回答をされてもイエスが不利になるものでした。

この意地の悪い質問をされたイエスは、地面に何かを書きはじめられました（6節）。何を書かれたかは本文にはありません。またどのようなことをお考えだったかも書かれておらず、古来さまざまに想像されています。この諸刃の剣を質問からどう切り抜けようかとお考えだったかもしれません。私は、このイエスの沈黙に、イエスの憤りを感じとれるように思います。「積極的には言葉をかけない」「行動しない」もっと言うなら「やる気がない」という、聖書の他の部分には見られないイエス像のように思われます。

律法学者やファリサイ派の人々はどう感じたのでしょう。イエスのこのような奇怪な行動に面食らったかもしれません。それでも彼らはしつこく問い続けますので、イエスは身を起こされ、このように言われました。「あなたたちの中で罪を犯したことのない者が、まず、この女に石を投げなさい」（7節）。そして、イエスはまた身をかがめて何かを書き始められました。

イエスがこのようにおっしゃった瞬間、沈黙が流れたのではないでしょうか。断罪する立場であった律法学者やファリサイ派の人々が、このイエスの言葉によって、逆に問われる立場に立たされました。彼らにとっては思ってもみない問いだったでしょう。これを聞き、自分の内面を問われることとなったファリサイ派、律法学者たちは「年長者から始まって、一人また一人と」（9節）立ち去り、そこにはその女性とイエスだけが残りました。

イエスは身を起こして女性に「婦人よ、あの人たちはどこにいるのか。だれもあなたを罪に定めなかったのか」（10節）と言われます。女性は「主よ、だれも」（11節a）と答えました。それを聞いたイエスは「わたしもあなたを罪に定めない。行きなさい。これからは、もう罪を犯してはならない」（11節b）と改めて赦しを宣言されたのでした。この11節の「もう罪を犯してはならない」という言葉は結局イエスもこの女性の罪を裁いていることになってつじつまが合わないので加筆とする説があります。私はこの言葉があろうがなかろうがイエスはこの女性を罪に定めていないと思うのです。仮に「もう罪を犯してはならない」という言葉がイエスに溯るとしても、これは「もうこんなことをしないように」という優しい言葉であったでしょう。また「自分が罪人である」ということを内面化してしまっている人にとって「あなたは罪人ではありません」と言うより「あなたの罪は赦された」と言うほうが、その人を解放します。ですから、この部分はイエスの赦しの宣言として読みたいと思います。

この物語はもともとのヨハネによる福音書にはありませんでした。他の部分と文体が明らかに違うことと、ヨハネによる福音書の他の箇所では出てこないファリサイ派と律法学者が登場することとからそれがわかります。写本が写し継がれるうちに、この部分に編入されたのでしょう。この物語が残されている外典文書もあるようです。それが未完成と思われたヨハネによる福音書に入れられました。新共同訳では〔 〕括弧書きになっています。

この物語は、姦淫が「棄教」と重ねられて読まれました。というのは、ローマ・カトリック教会が国教となる中で、一度「棄教」した者をどのように扱うか、ということがいくどとなく取りざたされるのですが、最終的にはそのような者も受け入れることになりました。その時にこの「姦通の女」物語が読まれました。「姦通」が「棄教」と重ねられて読まれるのです。「イエスもこの姦通の女を赦されたのだから、われわれも棄教した者を赦して受け容れるべきだ」というわけです。

私はまた別の側面からこの物語を読みたいと願います。ここで「姦通」と言われているのはどんな行いか、という観点です。

物語の中で「律法学者たちがイエスに「こういう女は石で打ち殺せと、モーセは律法の中で命じています」（5節）と迫るわけですが、この「モーセの律法」とは具体的に律法のどの部分でしょう？

まず、レビ記20章10節です。「人の妻と姦淫する者、すなわち隣人の妻と姦淫する者は姦淫した男も女も共に必ず死刑に処せられる」とあります。ユダヤ民族がいとうべき性関係について列挙し規定された部分です。

もうひとつ、申命記22章22~27節にもっと詳しい規定があります。「男が人妻と寝ているところを見つけられたならば、女と寝た男もその女も共に殺して、イスラエルの中から悪を取り除かねばならない。

ある男と婚約している処女の娘がいて、別の男が町で彼女と出会い、床を共にしたならば、その二人を待ちの門に引き出し、石で打ち殺さなければならない。その娘は町の中で助けを求めず、男は隣人の妻を辱めたからである。あなたはこうして、あなたの中から悪を取り除かねばならない。もしある男が別の男と婚約している娘と野で出会い、これを力ずくで犯し共に寝た場合は、共に寝た男だけ殺さねばならない。その娘には何もしてはならない。娘には死刑にあたる罪はない。これはある人がその隣人を襲い、殺害した場合と同じような事件である。男が野で彼女に出会い、婚約している娘は助けを求めたが、助ける者がいなかったからである」

このような規定ですが、みなさんはどのようにお感じでしょうか？

一つ目の規定は、「男と人の妻が寝ていたら、男女共に死刑」という規定、二つ目は、「婚約している処女の女性が別の男と寝ていたら、男女共に死刑」、三つ目の規定は、二つ目の規定の例外で「それが野原であったら、男のみが死刑」ということです。二つ目と三つ目でこの女性が死刑になるかならないかの境目は「助けを求められるか否か」です。二つ目の規定「その娘は町の中で助けを求めず」（申命記22：24）とあるように、また三つ目の規定で「婚約している娘が助けを求めたが、助ける者がいなかったからである」とされているように、「町の中では助けを求められたろうから、たとえ強姦であろうが女性にも落ち度があるため死刑にされねばならず、逆に町の外で誰もいないところであったら助けを求められないから赦す」という趣旨です。

話がそれますが、この規定を現代にそのまま当てはめることはとてもできません。強姦被害者から「被害にあっている時には怖くて声も出ず助けを求められなかった」という証言があります。「まわりに人がいるから助けを呼べただろう」とは簡単には言えません。また被害者も「自分にも悪いところがあるかもしれない」と罪悪感を覚えています。聖書のテキストも時代の産物ですし、限界をもっているということを付け加えたいと思います。

この旧約聖書の光によってこの物語を照らすと、この物語に対してまた違った印象を持つことになります。つまりこの「姦通の女性」は「『強姦被害にあった女性』かもしれない」ということです。強姦被害にあった女性がイエスを試すために律法学者たちから利用され、公衆の面前で好奇の目にさらされているということです。「セカンドレイプ」という言葉があります。強姦被害者がまわりの心ない対応によって、さらに被害を拡大させ、傷を深くすることを指す言葉ですが、まさにこの女性にとってはこの状況そのものです。いたたまれないとしか言いようがありません。

この物語から「人は人を裁くことはできるのか？」ということを考えたいと思います。私たちはこの「姦通の女」の事情とどのような事件があったのか想像するしかありません。「強姦被害者」というのもひとつの予測にすぎません。「姦通」と「強姦」ではこの女性に向けられる同情の度合いは変わるでしょう。逆に、この女性の行いが本当に「姦通」に相当したとしても、そこに至るまでの事情をすべて知ることは人間にはできません。事情を知らないのにそれだけで簡単に批判したり批難することはやはり許されないでしょう。人間は事情をすべて知りつくすことはできません。「裁く」のはすべての事情を知っているからこそできることです。やはり人間には「すべての事情を知る」ことはできず、人は人を裁くことがそもそもできないのではないでしょうか？

（２０１４年11月４日　農村伝道神学校）

キリスト教と自己犠牲（マルコによる福音書8章31～38節）

農村伝道神学校4年の北口沙弥香と申します。この度は、矯風会神学生交流会の説教者としてこの場にたたせていただきありがとうございます。農村伝道神学校は、東京都の町田市の郊外にございます。最寄り駅か30分程バスに乗り、下車したあと10分ほど坂道を上り竹藪の中を通り過ぎたところにございます。さながら竹藪の中の神学校です。夜は東京とは思えないほど星がきれいです。年に2度ほど雪がつもりますけれど、東京とは思えないような一面の雪景色で驚きます。わたしは北海道出身ですから、雪国育ちとしてはそのときは少しだけうれしくなります。

本日の聖書はマルコによる福音書8章31節からが与えられました。ここからキリスト・イエスの十字架にはどのような意味があるのか、そして「**キリスト教と自己犠牲**」の関係について考えてみたいと思います。

みなさんは『字のない聖書』をご存知でしょうか。キリスト教の伝統的な信仰を色だけで表現したものです。私の母教会では手芸が得意な婦人たちがこれをつくって教会バザーで売っておりました。私は手先が不器用なので恐縮するのですけれど、それを真似て作って何かの折りに人に差し上げるということをしてきました。実物はこのようにミニサイズなのですけれど、これではきっと見えないだろうと思って、大きいのをつくってみました。

（大きな『字のない聖書』を開きながら）私たちは罪の中にいたのですけれど（黒）、主イエス・キリストの十字架の血潮によって（赤）、きよめられ救われ（白）、神の栄光に与る（あずかる）ことができるようになりました（黄）……という意味がこの『字のない聖書』に込められております。つい最近も、1月に洗礼を受けた友だちのためにこれを作り、お祝いのカードと共に渡しました。友だちはとてもよろこんでくれてすぐかばんにつけてくれました。

それをみて、私もうれしかったのですが、胸がドキリとしました。「ほんとうにそうだろうか」ということを考えてしまったのです。特に、「黒→赤」の並びの意味のこと、「私たちの罪のためにイエスは十字架につけられ殺され、それによって私たちの罪がゆるされた」ということに対し、「ほんとうにそうだろうか」と感じてしまったのでした。イエスが十字架につけられたというあの出来事、その事実の意味は、果たしてそういうことなんだろうか、ということを考えてしまったからでした。

キリスト教は、イエスの十字架の非業の死を、神のご計画による人間の罪の贖いのための神の業だと信じ、教えとして体系化してきました。その教えが何から何まで間違っていたり、何の恵みもなかったら、キリスト教も世界中に広まるような大きな宗教にはならなかったでしょう。しかし、教えとして体系化されていく中で、キリスト・イエスのあの十字架が信仰者としての模範となっていきました。「キリストもあのように犠牲となったのだから、私たちもそれにならい苦しみに耐え忍ぼうではないか」という信仰です。そのような信仰が苦しむ人に寄り添い、また希望を与えてきたということも否定できません。本人が確信してそのような信仰を貫いているなら、これほどすばらしいことはありません。しかし、一方で「キリストが過ごされた苦しみはそんなものではないのだから、あなたは御自分の苦しみに耐えなければなりません」と、苦しむ人、悲しむ人、暴力的な状況に置かれた人にする必要のない忍耐を結果的に教会は押しつけてきた、という事実は見逃すべきではないとも考えます。

本日与えられたマルコによる福音書8章34節には、イエスの言葉としてこのような言葉が残されています。「わたしの後に従いたい者は、自分を捨て、自分の十字架を背負って、わたしに従いなさい。」この言葉だけを取り出して聞くと、「イエスに従いたいと願う人は、自分の十字架を背負って死ななければならない」という印象が残ります。果たして、イエスは、神はそのような御自分に従いたいと願う者の死を求めているのでしょうか。このように書き残した福音記者の意図はどのようなものであったのでしょうか。

この言葉を聖書テキスト全体に戻して考えてみましょう。

まず、このイエスの言葉は「**事後預言**」であると言われています。つまり、生きて人間としてご生涯を歩まれていたイエスの言葉ではなく、あのイエスの十字架の出来事を見聞きして知っていた福音書記者がこの場面を描いているということです。福音書記者は、イエスのあの十字架での死の出来事を知った上で、この物語の形をとって、「イエスの弟子であるとはどのようなことであるのか」を浮かび上がらせております。

イエスの言葉とされているものから導き出せる弟子の条件とは、「自分を捨てること」「自分の十字架を背負ってイエスに従うこと」（34節b）、「福音のために命を捨てること、その結果それで『命』を救うことがあるということ」（35節）、「神に背いた罪深い時代にあっても、イエスの言葉を恥じない」（38節）ということです。

このイエスの言葉は、「イエスに従うということは、結果として自分の十字架を背負うことになる（受難は避けられない）」「イエスの福音に生きようとするならば、結果的に命を失う」ということを意味しているのではないでしょうか。

では、「イエスに従う」とはどのようなことであるのでしょうか？「イエスの福音に生きる」とはどのようなことなのでしょうか？　結果として十字架につけられて殺されなければならなかったイエスの生き方とはどのようなものであったのでしょうか？

このような問いをもってマルコによる福音書全体を読み返してみます。31節に「長老、祭司長、律法学者たちから排斥されて殺され」とありますから、福音書の中でのイエスと律法学者のやりとりを見直すことが、「イエスがなぜ殺されなければならなかったのか」ということに対するヒントとなるでしょう。そのような観点からマルコによる福音書を読み返すと次のようなことに気づきます。

イエスと律法学者たちが対決し、律法学者に明確な殺意を抱かせることとなった事柄は「安息日」のことと「神殿」に対することでした。

マルコによる福音書１章21節から28節にはカファルナウムの会堂での悪霊退治の物語がありります。これを読み進めていきますと、安息日（21節）の出来事であることがわかります。

この物語に続く29節から31節のシモンのしゅうとめへの癒しも、29節に「すぐに」とありますから、安息日の出来事であると考えられます。イエスは安息日でも悪霊を追放し、癒しを行われました。

2章23節から28節には、弟子たちが麦を摘んでいることについて、ファリサイ派の人々がイエスに、「ご覧なさい。なぜ、彼らは安息日にしてはならないことをするのか」と批難する物語があります。それに対してイエスは、ダビデが神殿で供えのパンを食べたという言い伝えを引いて、「安息日は、人のために定められた。人が安息日のためにあるのではない。だから、人の子は安息日の主である」（27～28節）と宣言されました。

3章1節から6節には安息日での会堂で起こった事件について述べられています。そこには片手の萎えた人がおりました。「人々はイエスを訴えようと思って」（2節）、安息日にも関わらずイエスが癒しを行われるか注目しておりました。イエスは手の萎えた人に真ん中に立つように促して、人々に「安息日に律法で許されているのは、善を行うことか、悪を行うことか。命を救うことか、殺すことか」（4節）と問いました。イエスはお怒りになって人々を見回して、そのかたくなな心を悲しみながら、手の萎えた人を癒されました。そのことから「ファリサイ派の人々は出て行き、早速、ヘロデ派の人々と一緒に、どのようにしてイエスを殺そうかと相談し始めた」(6節)と書いているとおり、律法学者たちを怒らせ、殺意を抱かせることになりました。安息日は十戒の第4戒です(出エジプト記20:8、申命記5:12)。律法学者たちにとっては、イエスの安息日のふるまいは十戒の安息日の戒めに対する違反にしか捉えられず、許し難いものだったのでしょう。

神殿に対しては、11章15節から18節にあります、いわゆる「宮清め」の記事から読み取ることができます。イエスは神殿の境内に入り、神殿で商売を売買していた人を追い出し、両替人の台や神殿でいけにえにされるために売られていた鳩の商人の腰掛けをひっくり返すという実力行使を行いました。そして「こう書いてあるではないか。『私の家は、すべての国の人の/祈りの家と呼ばれるべきである。』/ところが、あなたたちは/それを強盗の巣にしてしまった」(17節)と神殿体制を痛烈に批判しています。神殿は本来ならば祈りの場であるはずなのに、そこで不当に稼いで結果的に貧しい人を抑圧することになってしまっていることに対して、イエスはお怒りになったのでした。そのことが、「祭司長や律法学者たちはこれを聞いて、イエスをどのようにして殺そうかと謀った」(18節)と律法学者たちに明確な殺意を抱かせることになりました。律法学者たちにはイエスのこの怒りを伴うふるまいは、イエスの真意を受けとられることなく、ただ神殿にたいする冒瀆にしか映りませんでした。

マルコによる福音書によれば、それらのことがイエスを死においやることになりました。過越祭と除酵祭の2日前、「祭司長たちや律法学者たちは、なんとか計略を用いてイエスを捕えて殺そうと考えて」（4：1）、そこでイスカリオテのユダが裏切り（14：10〜11）、イエスは逮捕され、弟子たちに逃げられ（14：43〜50）、最高法院で違法な裁判にかけられ（14：53〜65）、祭司長、長老、律法学者たちによってピラトに引き渡され（15：1〜5）、死刑判決を受け（15：6〜14）、十字架につけられ、そこで祭司長、律法学者を含めあらゆる人にののしられ（15：25られ、〜32）、絶叫して息をひきとることになりました。（15：37）

以上のことをふまえると、マルコによる福音書によれば、イエスは、ご自分の信じるところを貫いた結果、律法学者たちと衝突することになった、ということがいえるのではないでしょうか。イエスは「律法」よりも「人間」を優先されました。「人間」を優先させたというのが誤解を招くようなら、「**人が生きること**」を優先されたのでした。ですから安息日においても人を癒すということをなさるのです。「律法」よりも「人が生きること」を大事にされた、それがイエスのお示しになった生き方であり、福音であります。

当時は、律法を遵守すること、安息日を聖別すること、神殿を尊重することが、律法学者たちの勧める「世間の常識」であったでしょう。イエスは、その「世間の常識」に挑戦し、結果殺されることになりました。イエスの死は「世間に殺された非業の死」と言えるのではないでしょうか。イエスが十字架につけられることとなったのは、律法学者たちから「あいつはゆるしておけない。殺さなければならない」という思いを抱かせるような言動をされたからです。「十字架につけられるために律法学者たちに挑戦した」わけではありません。

イエスの弟子に求められる生き方は、「律法」よりも「**人が生きること**」を優先するということです。「自分の十字架を背負って私に従いなさい」という言葉は、イエスが弟子に求められる生き方を全うしたがゆえに「律法」にふれてしまい、たとえ「十字架」につけられることになろうともそのような生き方を選ぶことが、イエスの弟子たり得るということです。そのような生き方をした結果、残念ながら「世間から殺される」ということも現実としてありうるだろうということです。「人が生きること」を優先させる生き方をするということが「目的」であり、「十字架につけられて殺される」ことが「目的」なのではありません。少なくとも、この部分から、「十字架は贖罪のための死」であるとか「十字架を根拠に己を犠牲にする」という結論を導くことはできないでしょう。

私たちは世にあって苦難があります。イエスのふるまいに従って生きることには困難が伴います。ともすると「世間に挑戦」し、「世間から見棄てられ」「権力によって殺される」ということもあるかもしれません。神の御心をなそうとしたがために暴力の犠牲になることもあるでしょう。そのような現実の中を私たちは生きています。そのような意味で、イエスのあの十字架の出来事は、私たちの模範なのです。結果としてあのようなこともあるという現実が残念ながら存在するということです。ただし、それはあくまで結果です。暴力の犠牲になることが「目的」なのではない、ということを忘れないようにしたいと思います。暴力の犠牲になったり、権力によって命を奪われるということは、本来あってはならないことなのです。暴力的に命を失ったり、被害を受けたりするということは、どう考えてもないほうがよいのです。ましてやイエスの十字架の出来事を引き合いに出して、人の苦しみ悲しみ痛みを抑え込んで「耐えなさい」ということは、イエスのお示しになった生き方に反するのではないでしょうか。

友だちがかばんにつけてくれた『字のない聖書』を見て、胸が痛んだあの出来事から思い直して自分のために、『字のない聖書』を作り直しました。色の順番を変えました。（もうひとつの『字のない聖書』を出して）イエスは、人間が抑圧されている世界の中で（黒）、神の国の到来を宣べ伝え、罪の赦しを宣言し（白）、その結果十字架につけられ殺された（赤）、けれど神はそれをよしとしてイエスを復活させた（黄）……そんな『字のない聖書』です。これを自分のかばんにつけています。私の信仰告白です。

（ふたつの『字のない聖書』を出して）どちらも聖書の解釈のひとつであり、イエスのご生涯をそれぞれの良心に従ってみつめ直し、信仰を告白しているものであると信じます。大切なことは、イエスが命がけでお示しになった福音を私たちがねじ曲げず、人が生きるために、人を生かすために、信じ行って（おこな）いくことだと思います。どのような教えも趣旨をあやまれば人を追い詰めるだけになってしまいます。キリスト教が暴力的なものになってしまわないようにするにはどうすればいいか、教会が本当に人を生かすためのキリストの御体であるようにしていくにはどうすればいいのか、これからも考えていきたいと願います。

お祈りします。

すべての命の源である神さま、御名をあがめて賛美します。

あなたの御子イエスはあなたの御心を全うし、そのことを理解しない人間のために殺されました。あなたはそのイエスのご生涯をお認めになり、イエスのご生涯をよしとされていることを示すためにイエスを復活させられました。世間から殺されるという究極の苦難があったとしてもイエスはあなたの御心を全うしたのでした。そのような意味で十字架は私たちの模範です。その意味を私たちが忘れることなく、イエスの教えをねじ曲げることなく、イエスを宣べ伝えることができますように、導いてください。日本キリスト教婦人矯風会のためにお祈りします。矯風会はイエスが命をかけて伝えた、人を生かすための教えを全うしてきた働きです。あなたが矯風会を祝福し、これからもあなたのみ旨を全うすることができますように支えてください。この礼拝の後にもたれる神学生交流会のすべてのプログラムの上に、あなたの恵みがありますように。この会に招かれたひとりひとりが矯風会の働きを正しく覚え、世の救いのために連帯することができるよう導いてください。

この祈りを、命をかけてあなたの御旨に生きたあなたの御子、キリスト・イエスの御名によって祈ります。アーメン

（2015年2月9日　日本キリスト教婦人矯風会 神学生交流会）

押しつけられた「ひとつ」からの解放（使徒言行録2章1〜12節）

本日は**ペンテコステ**です。ルカによる福音書と使徒言行録によると、イエスが復活されてから50日目、五旬祭というシナイの山で律法を神から授かったことを記念するお祭りの日にイエスの弟子たちが祈っているときの出来事です。突然激しい風が吹いて、炎のような舌が現れてそこにいるひとりひとりの上にとどまって、そこにいる人たちが突然神の「霊」が語らせたままに他の民族の言葉で話しだしました。これは「**教会の誕生日**」と言われて、イースター、クリスマスと並んでキリスト教の中で大事なお祭りとされています。といっても日本の教会ではこのペンテコステについての取り扱いはまちまちです。聖餐式を行う教会もあれば、いつもと変わらない礼拝を守っているところもあります。「炎のような舌が現れて」ということから「今日は何か赤いものを身につけて来てください」といってみんなになにか赤いものを着てきたり、また教会に聖霊の象徴である鳩の飾りものをつけたりして楽しくお祝いするところもあります。聖霊の働きを特に重んじる教会では盛大にこの日を祝いますし、聖霊をさほど強調しない教会ではいつもと同じように礼拝を守ります。

この教会では今までどうだったのでしょうか。「**教会の誕生日**」と言われてはいますけれど、教会はそもそも「集まり」ですから、この日急に教会ができたわけではありません。また、イエスの死とユダヤの祭である過越の祭が結びつけられているのが明らかなのと同じように、ペンテコステの出来事も五旬祭と結びつけて権威づけられています。この日をあまり特別にするべきではないと考えられていたのでは、と勝手に想像します。

この使徒言行録2章を読みなおすと、確かに権威的ではありますが、単なる権威主義ではない政治的抵抗の物語として読めることに気づきます。今日はそのことをお話しします。

この物語を読むとなんだかわくわくします。ひとつに集まっていると突然激しい風が吹いて、天から大きな音がして、炎のような舌が別れ出てひとりひとりの上にとどまると、神の霊の働きによってそれぞれの人が自分の言葉でない言葉を話しだすのです。そこにはどんな風が吹いていたのでしょうか。「激しい風」だからといって、嵐であったりとか、台風であったり、人間に恐怖感を与える風であるとはかぎらないのではないでしょうか。きっと、人を気持ちよくさせる快い風がふいていたに違いありません。そんな想像をします。一方、本当にこんな奇跡が起こったらどう思うでしょうか。驚いておかしいと思うでしょう。「そんなこと起こるわけないじゃん」と思うに違いありません。13節に「あの人たちは新しいぶどう酒に酔っているのだ」と悪口を言われています。酔っぱらっているのではないかといわれているわけですが、人間の予想を超えたことが起こっていると言いたいのでしょう。むしろ酔っぱらっているように見えたのなら、楽しそうだとも思います。抑圧された光景ではなく、むしろ喜びにあふれた解放されている光景だったのではないでしょうか。

この物語は「**バベルの塔とは逆の奇跡**」と言われます。バベルの塔は創世記11章に登場します。人間がおごりたかぶって天まで届く塔を建てようとして、そのことに神がお怒りになり、人間の言葉をバラバラにして「混乱させ」塔の建設を阻んだという物語です。それ以来、人間の言葉は分かれます。人間が「ひとつ」になっていることよりもむしろ「バラバラ」のままにされていることがそのまま神の祝福であると伝える物語です。バベルの塔はひとつの言葉がバラバラにされたという物語ですから、その逆は「バラバラの言葉がひとつになって、みんな同じ言葉でわかるようになりました」という奇跡になりそうですけれど、ペンテコステの出来事はそうではありません。「バラバラの言葉を語り出したけれど、その言葉はそこにいる人たちそれぞれひとりひとりの言葉であって、バラバラのままそれぞれがわかった」という奇跡です。「完全な逆ではない」というところが、ペンテコステの奇跡の物語の大切なところです。

この時代やイエスの時代、もっとあとの新約聖書が文字で記された時代も「ローマの平和」が続いていました。それは形だけの平和であり、ローマ帝国が広がり、ローマに逆らわなければ平和にあずかれました。それは形だけの平和であり、一部の人にとっての平和です。ローマの植民地にされたところでは武装蜂起を余儀なくされるまで追い込まれました。人々は税金が重くて、日々の食事にも困り、下手をすると奴隷にならざるをえないということも起こる有様です。支配が進むにつれて、自分の民族の言葉だけでは生活ができなくなっていきます。支配する国が植民地にさまざまな弱いものいじめをするのですけれど、そのなかで象徴的なのが、植民地を支配する国の言語の押しつけです。この世界ではよく起こってきた現実です。それを露骨にやったのが戦前、戦中の日本です。明治の初めに、明治政府は当時、アイヌ民族の土地であった北海道を奪い取り、アイヌ民族に日本語と日本人の名前を強制しました。そのためアイヌ民族は自分たちの文化の継承が難しくなりました。権力にとってはそれがうまくいった前例になって、それと同じことを今度は中国、朝鮮の人にしました。ここまで露骨ではないにせよ、ローマ帝国でも同じようなことがあったのではないかと想像します。

露骨な強制があったにせよ、もっと柔らかく、ずるがしこく入ってきたにせよ、権力によって「押しつけられ」「ひとつ」にまとめられていくことがあるのです。

ペンテコステの出来事はそうではありません。権力から押しつけられた状況とは逆なのです。「押しつけられた『ひとつ』」ではなくむしろ、同じ場所にいながらも、それぞれがもともと持っている言葉で「バラバラのまま」わかった出来事です。福音の喜ばしい知らせが、権力から押しつけられ使わざるを得ない言葉ではなく、自分の言葉でそのまま「わかった」出来事です。それぞれの言葉が大事にされ、それぞれの文化が大事にされ、それぞれの存在が大事にされていることをしらせる出来事です。「**教会のはじまり**」とされているこの物語は、ひとつの言葉にまとめられるのではなく、それぞれの言語でわかるように福音が語られた出来事でした。

そうならば、教会は「押しつけられた『ひとつ』からの解放」を宣言するところです。そして「押しつけられた『ひとつ』からの解放」を実践するところです。教会に来る人はそれぞれが違う背景、違う状況、違う生活習慣を持っています。それはあたり前のことですけれど、そのあたり前があたり前でないように「ひとつ」であることを押し付けられてしまいがちです。日本の状況も戦前のように戻りつつある中で、「日本人ならばこうあらねばならない」という「ひとつ」にまとめあげられそうになっています。そうでない、ということを宣言するという役割が教会にはあります。そのことを教えてくれるという意味で、このペンテコステの物語には大切な意味のある大切な記念の日となりうるのではないでしょうか。

（2015年5月24日　日本キリスト教団 なか伝道所）

准允志願所信表明

准允（じゅんいん）：日本キリスト教団においては、「補教師」として認められること。神学校を卒業して教師検定試験（補教師試験）に合格し、教区常置委員会の承認を得、教区総会で「准允式」を受ける。神奈川教区では、教師として認められるかは教区総会での決議事項であるので、「所信表明」を行ったあと議決がなされる。

♪昇れよ、義の太陽、輝け今の世に。
主の教会に　光を照らし続けよ。
教会よ、目をさませ。まどろみ打ち破れ。
み言葉聞いて　悔い改めよ、今こそ。

（讃美歌21　410番『昇れよ、義の太陽』　1番、2番）

准允受領志願者、なか伝道所赴任予定の北口沙弥香と申します。

私は大学に進学した頃、教会に導かれました。中学を卒業し進学直前に両親が離婚したことをひたすらひきずりながら高校生活を送りました。良いことも悪いこともなにもできなかった三年間でした。大学受験にも失敗し、唯一合格した札幌の私立大学に進学しました。

人生をやり直したいという思いと、大学にいる間に死にたい、その両方の思いが交差する大学生活が始まりました。そんなおり、キリスト者である大学教員に出会いました。のちに私の母教会となる教会に通われているかたでした。大学に入学したばかりなのに財布を落として困っていたところ、その先生から親切を受けました。その先生はたまたま自分の科目を受講している学生だという理由だけでお金を貸してくれたのでした。その親切に驚きました。そしてのちのち、その愛がどこから来たものであるのか、知らされることになるのです。

そのようなことがあって教会に通い始めました。家族に絶望していた私にとって、神の家族ということが単なる絵空事ではなく、現実であると知らせてくれる場所でした。教会は、その悲しみ、痛みが受け入れられるところでした。家族が崩壊した私は、やはり家族が欲しかったのだと改めて思います。

とはいえ、教会はいいところだと思いながら、なかなか洗礼を受けようとは思い至りませんでした。神が全能なら、世界ではなぜ悲しいことが起こるのだろう？　という神義論の問題にひっかかっていたからです。自分の心の傷と、そして戦火の絶えないこの世界の中にある痛み、苦しみを重ねて見ていたのだろうと思い返します。そして、聖書の読み方がわからず、聖書を開けば傷つく、ということを繰り返していたからです。それでも教会に三年間通い、大学4年目の春、イースター礼拝で受洗の恵みに預かりました。信じると決めたら、神は備えてくださる方でありました。このような形であれば聖書が読めるかもしれないという聖書の読み方と、問題は解決しないかもしれないけれど、それでも生きていくことが神から示されているという信仰を神は私に与えてくださったのでした。その頃からいつか神学校に行きたいという願いが与えられました。

大学を卒業して三年が経った頃、突然、当時勤めていた仕事を辞めることになりました。そこに至ったことに私にも非があると感じたそのときに、人間やりたいことをやらなければ変われないと思い至りました。そのときやりたかったのは聖書を原典で読むことでした。そこから一年間進学準備をして、神学校に導かれました。神学校でもさまざまなことがありました。恵みが間違いなくあった一方で、不器用で傷を増やすだけ増やした神学校生活でもありました。教師検定試験に合格できなければ教会をやめよう、プロテスタントという宗教をやめようと考えていました。しかし神は、教師検定試験合格という恵みを与えてくださいました。そのことで何よりも「とりあえずやめるな」という神の声を聞いたように思います。

このような私に与えられた召命とは何か、ということについて考えます。私は、教会によって神の愛が示され命を救われたゆえに、私は教会に恩返しをしたいと願っています。愛を実践することによってそれを全うしたいと願います。聖書を思い違いによって読めないものにしてしまっている人たちのために聖書に隠された宝を伝えるよい教師となること、そして痛む人に寄り添い、その痛み、悲しみ、呻きを真剣に聞く良い牧者となること、この二つが私に今与えられている召命です。語ることと聞くことの二本立ての召命を、私はこれからも歩みます。そして何よりも、問題が解決しなくても、問題を抱えながら、それでも生きていくことが私に与えられた信仰であることを忘れず、そのような信仰を与えてくださった神を信頼して生きるものでありたいと願います。

♪つかわしたまえ、主よ。力と励ましと
信仰・希望・愛と勇気を与えて。
時代のただ中に　栄光あらわして
平和をつくる者としたまえ、我らを。

（讃美歌21　410番『昇れよ、義の太陽』4番、5番）

（２０１５年６月17日　日本キリスト教団 神奈川教区 教区総会）

喜びながら自分の道を歩く（使徒言行録8章26～40節）

私がこの教会に招かれてから丸三か月が過ぎようとしています。4月の使信（説教のこと。）後の質疑応答で出てきた「立ち位置」とはどこに立って物を見て、考え、語り行動するかを表す言葉です。「生きている・生かされている」以上の立ち位置なんて本当に必要なのかとも思います。しかしそうは言いつつ私にも人とは異なる立ち位置があります。奇しくも本日の礼拝の中で私の就任式が行われることになりました。使徒言行録8章に残されている伝道者フィリポとエチオピアの宦官が出会い、この宦官が洗礼を受け旅を続ける物語を読みつつ、改めて自分の「立ち位置」に触れたいと思います。

フィリポとは、使徒言行録の6章に出てくる「食事の世話」のために選ばれた7人の「〝霊〟と知恵に満ちた評判の良い」（3節）人たちです。弟子たちが増えてきてギリシア語を話すユダヤ人たちから苦情が出たために十二弟子がその仕事を任せるために選んだ人たちだった、とされています。ここから、この7人が単に「ギリシア語を話すユダヤ人」の世話係であったというだけではなく、ヘブライ語を話すユダヤ人とギリシア語を話すユダヤ人との間に対立がありグループが分かれていった可能性があること、また、分かれたグループが独自に伝道を行っていた痕跡があることがわかります。よってこの宦官の洗礼の記事も、使徒言行録の中に残された独自の伝道活動の痕跡と言えそうです。

一方、ここに出てくる宦官は、どのような境遇にあったのでしょうか。そこで「宦官」に注目したいと思います。

宦官とは一般に「去勢された男性で官職についている人」をさします。特に新約聖書でこのように訳されている言葉は「寝室の管理者」という意味で、これは去勢された男性がつく仕事でした。「宦官」といっても去勢の有無にかかわらず、この時代に期待されていた「男性像」や「男とはこうあるべきだ」という規範からずれる人がこのように呼ばれていた可能性もあります。

何にせよ、この記事の宦官は、エチオピアの女王カンダケの「財産管理人」という高い地位にあり、また彼にとっては外国語で書かれていたであろうイザヤ書を声に出して読める高い教養があるにもかかわらず「宦官」であるゆえに「馬鹿にされていた」のではないでしょうか。宦官というだけでつらい思いをしていたのかもしれません。

宦官が読んでいたのはイザヤ書53章でした。物語では7節と8節が引用されています。33節の「卑しめられて」という言葉は「低くされること」「卑しくされること」という意味の語です。これは同じルカ文書であるルカによる福音書1章のいわゆる「マリアの賛歌」の中にも登場します。新共同訳のマリアの賛歌では「身分の低い」（ルカ1：48）という言葉になっています。この言葉は「性的に卑しくされる」というニュアンスを含みます。宦官はこの語に反応したのではないでしょうか。

フィリポはこの宦官にこれはどういう意味なのか聞かれます。宦官はユダヤ人から見ると異邦人です。また、申命記23章2節「睾丸のつぶれた者、陰茎を切断されている者は主の会衆に加わることはできない」という律法のために、ユダヤ教に改宗することはできません。このようなテキストをもってきて、「あなたのような存在は神の救いから漏れている」と断罪すらできたはずです。そのようなことをフィリポはしませんでした。そう確信するのは、物語の結末では宦官は洗礼を受けますが、フィリポが見えなくなってひとりになった後に、宦官は「喜びにあふれて旅を続けた」とあるからです。「悔い改めて」でもなく、また「悲しんで」でもなく「喜んで」なのです。

フィリポがどのような解き明かしをしたか物語の中では書かれていません。書かれていないことは想像するしかありませんが、フィリポはこのまま続けて53章以降の記事も宦官と共に読み進めていったと思うのです。イザヤ書56章には異邦人や宦官に神の正義と恵みを語るテキストがあります。そこにはこのように書かれています。

宦官も、言うな
見よ、わたしは枯れ木にすぎない、と。
なぜなら、主はこう言われる
宦官が、わたしの安息日を常に守り
わたしの望むことを選び
わたしの契約を固く守るなら
わたしは彼らのために、とこしえの名を与え
息子、娘にまさる記念の名を
　私の家、わたしの城壁に刻む。
その名は決して消し去られることがない。（イザヤ書56：3〜5）

また、

「わたしは彼らを聖なるわたしの山に導き
わたしの祈りの家の喜びの祝いに
連なることを許す」（イザヤ書56：7）

とも続きます。

神を信じるのであれば、また具体的に御心を行うならば、神は宦官に「息子、娘を持つに優る名を、わたしの家、わたしの城壁に刻む」というのです。また、神は異邦人とユダヤ人をわけ隔てることなく「わたしの祈りの家の喜びの祝いに連なることを許す」といってくださるのです。宦官は、このようなテキストから救いを感じられたのでしょう。本当にこのようなとき明かしが行われたかどうかはわかりません。なんにせよ、フィリポは宦官に寄り添い宦官であることを否定せず、宦官の痛みを否定しないような説き明かしを宣教できたように思うのです。

宦官がその後どうなったかは聖書には記されていません。洗礼を受けたのちも彼は「旅を続け」ます。「旅を続ける」という言葉は「彼の道を進んだ」というのが直訳です。そして、それは「彼の道を生きた」とも訳せます。「喜びながら彼の道を生きた」とも言えます。洗礼を受けた後も、この宦官は「彼の道を進んで」いくし「彼の道を生きて」いきます。宦官として、女王カンダケの財産管理人として生きていきます。宦官がどのような事情で宦官となったのかも書かれていません。しかし「宦官である」ということは、彼の「生きてきた道」そのものです。みずから選んだにせよ、意に反してそうならされたにせよ、宦官であるということを彼はやめることはできません。それを否定されたら彼は生きていけないでしょう。また、そのような彼の生きかたを否定するような教えに耳を傾ける必要は、この宦官にはありません。フィリポの解き明かしや宦官への関わりかたは想像するしかありませんが、それは心あるもので「これまでの生き方もそれでよかったし、これから生きていく道もそれでいいのだ」と宦官が心から思えるような解き明かしをしたのでしょう。宦官が自己肯定して生きていくことのできる解き明かしです。

　このような記事が聖書の中に残されていることは、私にとっては希望です。私は、FtXバイセクシャルの性的少数者です。生物学上も戸籍上も女性ですけれど、自分が女性だとも男性だとも思えないし、また女性でも男性でもあるともいえるし、その上「男性」も

「女性」も恋愛対象ということです。隠す気はないのでわかる人にはわかりますけれど、このような存在がまわりにいると気がつかない人には「かわいい女の子」にしか見えません。

自分で自分のことを「おかしい」と思ったことは正直ありませんが、親世代の「女の子なんだから」という言葉には特に抑圧を感じていました。私は女性が「好きだ」とされていることがことごとく嫌いです。化粧も好きではありませんし、着飾ることも面倒ですし、買い物も必要なものを買ってすぐ帰りたくなります。また、女性の仕事とされている家事一般が苦手です。女性として生まれてきたことは、天罰だと思っていた時期もありました。

実家を離れて大学進学のために札幌に出た頃、教会と出会いました。教会はいいところだと思いながらもなかなか洗礼を受ける気にならなかったのは、聖書が読めなかったからです。その理由のひとつが「女性」であるということでした。特に新約聖書の手紙は、女性の役割を脅迫的に限定するものばかりのような気がして、恐怖すら覚えていました。

しかし、一方、このような姿で生まれて世に出されたのは少なくとも天罰ではないと思えたのも、聖書からでした。たとえば詩編139編です。13節に、

「あなたは、わたしの内臓を造り

母の胎内にわたしを組み立ててくださった」

とあります。これを見たとき「理由はどうあれ、神さまがつくりたいから私をつくったのだ」と思いました。

その後、本日のような聖書の解き明かしに出会い、こういう読み方なら聖書を読めると思いました。私は、聖書を読みがたい（ある動作を行うのに心理的な抵抗を覚え、その動作を行うことに踏み切れない意を表わす）と思う人に聖書に隠された宝を伝える教師を志すことになりました。

私がこのようなものであるがゆえに、なおのこと、このフィリポの宣教にならうものでありたいと願います。フィリポは宦官に心から寄り添い、この宦官が「喜びながら彼の道を生きる」ことができる解き明かしをしたのでした。このようにその人その人の生き方を認め、「喜びながら自分の道を生きる」ことができるようにする働きが、宣教であると確信します。今までのことを振り返るとき、やっと今「喜びながら自分の道を生きる」ことを見いだしたように思っています。これからもそうありたいし、そのような視点で聖書を読み続ける者でありたいのです。

（２０１５年７月29日　日本キリスト教団 なか伝道所）

目の前のその人に必要な奉仕（ルカによる福音書10章38～42節）

本日はルカによる福音書に残されているマルタとマリアの物語を選びました。4月に申し上げましたとおり、今年度一年間は、私がどのような聖書の読み方をしているか自己紹介を兼ねてお伝えするために、毎回朗読箇所を選んでいます。本日は視点を変えれば別な読み方ができておもしろいと思っている箇所です。

この物語はルカによる福音書のみに記されており、作者は、入手した独自の伝承に手を加え、このような形で福音書に残しました。この記事は同じく10章25節からのいわゆる「善いサマリア人のたとえ」のあとに置かれています。要約すると「愛とはなにか」についての問答とたとえ話です。そしてその直後にこのマルタとマリアの物語が置かれています。それによってさらに「愛するとはどのようなことか」を改めて示す構成になっています。

このマルタとマリアの姉妹は、ここでは明らかにイエスの弟子として描かれています。39

節で「マリアは主の足もとに座って、その話に聞き入っていた」とあります。「足もとに座って」というのは、弟子がユダヤ教のラビから教わるときの姿勢です。マルタについては、40節の「もてなしのために」という言葉によってわかります。もとの言葉は「仕える」という言葉です。この「仕える」のさらにもとの意味は「食卓の世話をすること」です。そこから意味が広がり、福音を告げること、のちには教会の指導者であることを含むようになりました。マルタもマリアもそのような紹介のされ方をしています。

マルタのふるまいによって「具体的な奉仕」が象徴されており、他方マリアの態度によって「キリストの愛の御言葉を聴く」という仕え方が暗示されていると読まれてきました。伝統的には、42節の「マリアは良い方を選んだ」という言葉により、マルタのような具体的な奉仕の業よりも、マリアのように「キリストの御言葉を聴く」ことを優先させるべきだと教えられています。本当にそのように書かれているのでしょうか。

ここで「マリアは良い方を選んだ」という言葉に注目します。「良い方」と訳されている「方」ですが、これは「部分」とか「分け前」という意味の言葉です。新共同訳では比較のように読めますが、もともとの言葉には比較の意味はありません。直訳すると「マリアは良い部分を選んだ」という風になります。ここは、マリア自身にとって良いほうを選びとった、良い愛の示しかたを選んだことになるでしょう。それと同時にマルタはマルタで「良い方を選んで」もてなしの準備をしていたことになるでしょう。

そうであるにしても、イエスのマルタへの態度は手厳しいというか、そっけないように感じます。「あなたはあなたで自分が好きでもてなしの準備をしているのだからそれでいいではないか」という態度です。物語の中で使われている言葉を見直しても、このイエスの態度から「やっぱりマリアの言葉を聞く奉仕のほうをキリストは喜ばれるのではないか」という印象を受けます。これを書いた人にとっては、やはりそういう結論だったのでしょう。「日常のことよりも神の言葉を聴くことが大事だ」というメッセージです。それこそこれを書いた人のまわりでは、礼拝に来られるはずなのに、日常のことが大変だと言い訳して礼拝に来ない人がいたのでしょう。ルカによる福音書はローマの偉い人に読まれることを期待して書かれたふしがありますから、日常のことをさしおいても礼拝に時間を割けるお金持ちにはこれくらい言ってよかったかもしれません。また、そのような解釈から「み言葉をきいて休む」ということも出てきますから、現代の日本のような「忙しすぎて休む暇がない」と言われている社会では「もっと休めるようにしようよ」というメッセージにもなります。そのような意味ではこの結論にも一定の価値はあるでしょう。

しかしこの解釈が特に女性を苦しめてきたことも事実です。現実の家事労働よりも、礼拝や祈りのほうが大切だと言われてきました。長い間女性の役割であるとされた家事労働が軽く見られることになりました。礼拝のほうが大切だと言われても、現実の家事労働をやめることはできません。多くの女性が「マリアになれない」ことに苦しんできました。女性だけでなく、日常の仕事にそれこそ殺されそうになるほど忙しく働いている男性も、マリアのようになれないと苦しむことになりました。

このように、「礼拝が大事」と言いたいがために、結果的に女性の役割とされている家事労働を軽視する話にしてしまったことに対しては、作者に一言言いたい気持ちになります。こういう結論なら別の書き方、別の物語でもよかったでしょう？　とも言いたくなります。結果的に女性をないがしろにする書きかたをしていることについて、いわゆるルカ文書は言い逃ができません。

とはいえ、この物語を別の視点で読み返すとおもしろいことにも気がつきます。ここで改めて考えたいのは、マリアが何をしていたのか、何を聴いていたのか、イエスは何を語っていたのかです。伝統的には「マリアはイエスの教えを聴いていただけで何もしていない」

と考えられています。本当にそうでしょうか？　本当に「何もしていなかった」のでしょうか？

伝統的な解釈のようにイエスはマリアに神の国の教えを述べていただけ、と私には思えないのです。マリアもまたイエスの教えを聴いていただけ、とも思えないのです。３９節で「マリアは主の足もとに座って、その話に聞き入っていた」とあります。「その話」というのが大事ではないでしょうか。宣教の長旅の途中に立ちよる弟子のところで話したいと思うことは、旅の中で体験したさまざまなことではないでしょうか。その中で、もしかしたらもっと深刻な話をしていたかもしれません。「律法学者から狙われている」とか「ローマに監視されていてもしかしたら捕まって十字架で殺されるかもしれない」といったようなことです。

仮にそのような深刻な話をしているときに「妹が手伝ってくれないんです。手伝うように言ってください」と割って入られたら、どのように思うでしょう。もしかすると、深刻すぎる話をしていたから、マルタはマリアに助け船を出そうとこんなことを言ったのかもしれません。マルタは妹想いの優しいお姉さんだったのでしょう。でもイエスにしてみればそんなことをされたら、正直腹が立つでしょう。聴いてもらいたい思いが強ければ強いほど、傷が深ければ深いほど、聴いてもらえなかったと思ったときに出てくる反応は辛辣です。「マリアは良い方を選んだ。それを取り上げてはならない」(42節)という辛辣な言葉は、邪魔をされたという怒りを伴う言葉のように思うのです。話を聴くのは大変です。聴いてもらえなかったと思われたら辛辣な言葉が返ってくることもあります。結果的に話している人がより傷ついて黙って離れていくこともあります。

この物語に対してイエスのおっしゃることがおかしいと感じるとすればそれは「マリアのほうが楽をしている」と思うからです。楽をしていると感じるのは「教えを聴いている」からと考えるからです。マリアがイエスの苦しみを聴いているのだとしたら、話を聴くことは「楽なこと」ではありません。マリアはマルタのもてなしに感謝していないわけではないと思いますが、むしろ大変な奉仕です。イエスはマルタのもてなしに耳を傾けてくれているマリアのあり方を本当にありがたく感じていると思うのです。率直な心情というものは、聴いている者にとって耳障りなこともよくあります。そこに寄り添っていくのは本来並大抵なことではありません。「ただ話をきいていただけ」と簡単には言えないのです。

この物語を読み直した今、私が受け取ったのは「目の前のその人にその時に必要なことをする」「目の前のその人が今求めていることをする」のが愛だというメッセージです。この物語のイエスはマリアに話を聞くことを求めておられました。食事の世話が必要でないとも言っていないのと同時に、話を聞かれることも求めておいででした。場面によっては、食事の世話が必要とされることもあるでしょう。この物語で言われていることは、「日常のことと礼拝のどちらが優先するか」ではなく、人の求めることはその時その時で変わるものであるし、それに応えていくこともひとつの愛の形である、ということではないでしょうか。

みなさんはこの物語をどう読まれるでしょうか。

お祈りします。

すべての命の源である神さま、御名をあがめて賛美します。本日はマルタとマリアの物語から、愛と奉仕について学びました。マルタにはマルタの役割があり、マリアにはマリアの役割が与えられています。私たちもそれぞれ異なった賜物をあなたから与えられております。そして、目の前にいる人に必要とされていることはやはりひとりひとりの状況によって異なります。私たちが互いの違いを認め合い、必要なことを満たし合って、助け合って生きていけるようにしてください。
この祈りを、生き方によって神の愛と道義を示された、キリスト・イエスの御名によって祈ります。

（2015年8月16日　日本キリスト教団 なか伝道所）

それでも太陽は昇る（マラキ書33章20節）

先週20日はクリスマス礼拝でした。この礼拝堂に大人子ども合わせて66名もの方々が集められ、礼拝を守ることができました。愛餐会、祝会までたくさんのかたが残ってくださり、大変祝福された楽しいときとなりました。教会暦では1月6日の公現日までがクリスマスです。そして教会暦ではこのクリスマスが一年の始まりです。本日の使信では「クリスマスは何か」について考えたいと思います。クリスマスは何をお祝いするのでしょう。またなぜクリスマスは12月25日とされているのでしょう。

イエスの誕生日は12月25日であると多くの人が考えています。しかし、聖書の中には「イエスの誕生日はこの日です」と書いている箇所はありません。古代は個人の誕生日を覚えてお祝いする習慣がなかったと言われています。12月25日はイエスの誕生日の可能性の一つでしかありません。仮に、ルカによる福音書のとおりであれば、イエスは冬のお生まれではないことになります。羊の放牧は野に草の生えていない冬にはできません。一面の雪景色に羊がいるイメージは綺麗ですが、そのようなことは実際にはあり得ません。とはいえ、一連のクリスマス物語は「イエスがどのようなかたであるか伝えるために作られた古代の物語」です。メッセージとして伝えられる「真実」はあっても、そのまま「事実」というわけではありません。やはりイエスの誕生日がいつであるかはわからないのです。

12月25日をクリスマスとしてイエスの誕生をお祝いした記録があるのは4世紀頃からだそうです。12月25日はローマの神、太陽の神ミトラの記念の日であり「不滅の太陽の誕生日」としてローマではお祝いされてきました。冬至というもっとも一年で闇が深く、春に向かって日の光がこれから力を増していく、そのようなときに太陽を記念する祭りが行われていたのです。ユダヤ教でもこの時期「ハヌカ」とか「光の祭り」という祭りを行います。日本でも、冬至を記念してゆず湯につかり、かぼちゃを食べるという習俗が残っています。北半球で「冬至の時期」に「祭り」が行われているのは、そこには人間にとってその「必要」があるからです。闇の最も深いときに、日の光が出ず寒さが増すそのときに「祭り」を行うのです。

ひとつ言えるのは「冬至の闇と太陽」とイエスの出来事とを結びつけて考えた人がいた

ということです。本日読まれた旧約聖書の中に残された預言書の言葉を聞いて、「義の太陽」とはイエスのことだと捉えた人がいるのです。イエスのことを「闇の中に現れた光」だと、ずっとあとの時代にイエスの物語をきいた人は考えたのでした。そのことがローマの冬至の祭りとクリスマスを結びつけました。

イエスのお生まれになった時代は、ローマ帝国が宗主国として覇権を握っていて、植民地を支配していました。まさに皇帝が「神」とされ、住民にとって良いことがなされると皇帝の「恩寵」として与えられたと思わされる世界でした。「ローマの平和」と呼ばれる時代です。その陰で押しつぶされている人たちがたくさんいました。たくさんいた、というよりも、実はそのような人たちのほうが多かったのかも知れません。特にユダヤに関して言えば、皇帝に納める税金と神殿に納める神殿税があり、取られる側からすれば税金の二重取りで、土地をもっている人でも借金をしながら作物を育てなければならない状況でした。その借金が払えなければいつ奴隷になってもおかしくありません。生きていくにもいつどうなるかわからない綱渡り状態でした。

イエスはそこに現れて、この現実に苦しめられている人たちに神の国の実現と、神の愛を宣べ伝えました。イエスの宣教は一言で言えば「癒しと共食の宣教」です。病で苦しめられている人を癒し、一緒に食事をするという大変説得力のある形で神の国を宣べ伝えたのでした。イエスのこの宣教はまさしく「現実社会の闇の中に射し込んだ光」だったのでしょう。イエスによって示されたこの光は、イエスと共にこの世に来たのではなく、神が創造の始めに「光あれ」と言われて世にもたらされた「光」でした。どんなにこの世の闇が深くても、また人間がその光を見失ったとしても、その「光」は変わることがなくいつでもそこに輝いているのです。

クリスマスは新しい年の始まりです。

同時にこの時期はカレンダーの一年が終わるときでもあります。今年一年を振り返って思います。今年ほど、世の闇の深さを実感した一年はありませんでした。受難節の頃にはいわゆる「イスラム国」の起こした拉致事件により、二人の日本人が絶命することになりました。春先には福井地裁による原発再稼働差止の仮処分が決定されましたが、よりによって24日にその仮処分が取り消され、高浜原発が再稼働される見通しとなりました。春に再稼働の差止判決を出した裁判官は家庭裁判所に異動になるという報復人事としか思えないことがあり、まさに世の闇を見せつけられた思いでした。沖縄辺野古では基地移転に反対して多くのかたが座り込みを続けています。海上保安庁は明らかに法律を無視してその座り込みの人、海上のボートで反対運動をしている人たちを文字通り暴力を用いて排除しています。性別、年齢関係なく手荒なことをしていて、80代のおばあちゃんが肋骨を折られて怪我をしたという話を聞いたとき、闇が深いという言葉では足りない、やるせなさを感じました。9月には「戦争法制」と言わざるを得ない「平和安全法制」が多くの国民の声を無視し、強行採決されました。議会政治の原理、採決のルールすら無視され、民主主義の崩壊をまざまざと見せつけられました。それだけではなく、昔から残されている問題に何も解決がされないままさらに闇が深まっていると言わざるを得ません。在日朝鮮人・韓国人へのヘイトデモはカウンター運動のおかげで数は減ったものの、今度はインターネットの世界にさらにもぐりこんで悪意をばらまいています。毎日どこかの電車が人身事故で運転を見合わせています。すべてが自死のために飛び込まれたかたとはかぎりませんが、多くのかたが絶望してそのように命を絶たれていることもまた否定できません。経済優先とされ消費税があがり、かといって社会保障はどんどん縮小され、それによって多くの人が苦しんでいます。税金が重いわりに国は何をしているのかと言いたくなることもあります。イエスがお生まれになった時代の闇と、現代の私たちのこの社会の闇が重なるような思いがします。

ひとつ言えることがあります。闇の中で光が見えないと思うのは、人がその光を見えなくしているのです。人が神の光が見えなくする闇をつくりだしているのです。「人が」と言うのに抵抗があれば「権力が」と言いかえてもいいでしょう。神の光はいつでもそこにあるのに神の光が見えないのなら、それを回復していく責任が人にはあるのです。逆に神の光が本当はいつでもそこにあることは私たちの希望です。神の光があることが、神の願われていることならば、私たちはそこにいつでも立ち戻っていけるのです。この世の闇がどんなに深いものであったとしてもです。

クリスマスは御子イエスがこの世に来てくださったことのお祝いです。そして、この世の人にその光が見えなくなっていたとしても、神の光がいつでももたらされていることを思い出す記念のお祭りです。だから私たちはクリスマスには「クリスマスおめでとう」と挨拶しあうのです。冬至を越えてまた光が舞い戻ってくるように、この社会の闇の中に神の光は輝いているのです。クリスマスをこの時期にお祝いすることは、私たちの「必要」を知って、神がお与えになった恵みです。

新しい一年も、そのことを思い出して歩みたいと願います。神の光が見えなかったとしても神の光を目指して、ひとつひとつなすべきことをしたいと改めて願います。そして、そのうえで改めて「クリスマスおめでとうございます」と申し上げたいと思います。

どんなにこの世界の闇が深くても、それでも太陽は昇るのです。

（２０１５年12月27日　日本キリスト教団 なか伝道所）

教会が必要でなくなる、その日まで（エレミヤ書31章31〜34節）

本日の聖書は、エレミヤ書31章31節から34節が与えられました。新しい年を迎えて半月が過ぎましたけれど、ここで改めて、あえて「教会」というものについて考えてみたいと思います。この預言から、神の願い、キリスト教会の持つべき役割について聴くことができるように思うのです。

本日読まれたこの預言は、エレミヤ書の中心であり、クライマックスです。バビロンの植民地となるという悲劇は律法に背いた罰であったけれど、神はそれをゆるし、改めて「新しい契約」（31節）を立てられるといわれます。そしてその契約は、33節に「わたしの律法を彼らの胸に授け、彼らの心にそれを記す。」とあります。かつて与えられた律法は、シナイの山の荒れ野で石版に刻まれたものでした。石版にこつこつと深く刻みつけるイメージがそこにはあるのでしょう。今度はそれを人の心に刻みつけるというのです。「新しい律法」

は、石盤に刻まれたものでも、ましてや聖書の文字の羅列でもなく、神の民であるその人の心に刻まれ、生きて働くというのです。そして34節で、「そのとき、人々は隣人どうし、兄弟どうし、『主を知れ』と言って教えることはない。彼らはすべて、小さい者も大きい者も私を知るからである、と主は言われる。」と言われます。「主を知れ」と教え合う必要がない。すべての人が神を知って、新しい律法によって神の御心を生きているから……と述べられているのです。「新しい契約」を、のちのキリスト教徒たちは、イエス・キリストの生涯と十字架の死、そして復活によって示された神の御心と救いの約束であると解釈しました。イエスの言葉とふるまいにそれはすべて現わされていると信じたのです。

「主を知る」とはどういうことでしょうか。

そもそもここで「主」とたたえられている神はどのような方なのでしょうか。出エジプト記3章を見てみましょう。みなさんよくご存知の「モーセの召命の記事」です。3章7節で、モーセを招いた方がこのように言っております。「わたしは、エジプトにいるわたしの民の苦しみをつぶさに見、追い使う者のゆえに叫ぶ、彼らの叫び声を聞き、その痛みを知った。」

ここで描かれている神は、エジプトの地より、抑圧を受けている民の苦しみをつぶさに見て、痛みを知って、その民の解放を決意する神です。小さくされた人の本当にすぐそばにいて、その苦しみをつぶさに見て、叫び声を聞く神です。遠く離れたところではなく、すぐそばにいる神です。すぐそばにいると言いきれるのは「つぶさに見、叫び声を聞き」という表現があるゆえです。苦しむ人のただ中にいなければ、このようなことはできないからです。神は苦しみのただ中におられるのです。

さらに、イエスの宣教から「主を知る」ということを考えてみたいと思います。イエスの生涯と宣教、ことばとふるまい、十字架の死と復活、そのすべてに神の御心が現れていると私たちは信じています。イエスは本当の父親がわからない子としてこの世にお生まれになりました。ヨセフと石切りの仕事をしておりましたが、その家業を捨て、宣教を始めたのでした。その宣教とは、「病の癒し」と「共に食事をする」ことの2本立ての「宣教」でした。

イエスは誰のそばにいたのでしょうか? イエスのそばには誰がいたのでしょうか? ひとつ象徴するものとしていわゆる「五千人の供食」の物語があります。ここに集められた人たちはどのような人たちだったのでしょうか。その社会の中でさまざまな事情で小さくされ、イエスの宣教の他、頼るものがない人たちが圧倒的なのではないだろうかと私は思うのです。さまざまな事情からそのときの社会の常識である律法を守れず、社会からのけものされた人たちです。職業差別であったり、病であったり、また貧しく罪を清める儀式の為に用いる動物を買えず、汚れを引きずったまま生きざるを得ない人たちのことです。

イエスは、やはりその人たちの苦しみ、悲しみをつぶさにご覧になっていたのだと思います。マタイによる福音書のこの物語の中には、イエスの言葉として「群衆がかわいそうだ。もう三日もわたしと一緒にいるのに食べ物がない。空腹のままで解散させたくはない。途中で疲れきってしまうかもしれない。」（マタイ15：32）という言葉ができます。「かわいそう」という言葉は、この言葉自体がイエスに遡るとしたら、その人たちの傍にいたから出た言葉であると思うのです。「かわいそう」という言葉自体は遠いところからでも言えるのかもしれませんが、ここでのイエスの「かわいそう」はそうではないと思うのです。その「かわいそう」という思いから、祈ってパンを裂き、分け与えるという具体的な行動に出ているからです。単なる同情ではなく、その人たちが願っていた、その人たちにとって必要なことをイエスはしました。「自分はこうすべきだ」「こうあるべきだ」というおしつけではなく、その人たちの本当の願いに沿って行動することが本当のことで、イエスはそれができる人でした。

そのイエスも最後には世の権力者に嫌われ、十字架刑という大変苦痛を伴う、そして忌み嫌われる刑罰でむごたらしく殺されてしまいます。福音書の中で、雄弁に語り、数々の奇跡を行い、癒しの徴を行ったイエスのこの最後の死にざまを考えるとき、やはりイエスも踏めば簡単につぶされざるを得ない弱く小さくされた人だと言わざるをえません。そのイエスを神は復活させるのです。その神もまた、十字架からイエスを救うことのできない無力な神でした。その無力な神はイエスを復活させることによって、イエスの言葉、振る舞い、生き方すべてを肯定したのでした。生まれおちてから十字架で殺されるまでのイエスの生涯すべてを神は認めたのでした。

よく、「聖書は今でも新しい」と言われます。しかし、一方で「聖書がいつまでも新しい」ということはもしかしたら不幸なことではないかと思うのです。聖書が記述された頃と、現代では、人間の中身が変わってないということだからです。

「奴隷は現代にはいない」と言いますけれど、はたしてそうでしょうか？　原子力発電所を維持するために、東日本大震災のあとには福島で除洗作業をさせるために、釜ヶ崎や山谷、そして寿地区の中からも半分だまされるように連れて来られる日雇い労働者の人たちが、被曝をさけられないような作業のさせられ方をして、人知れず殺されていっています。

もっと身近なところでも非正規雇用の若い労働者があふれていて、先の見えない働き方をしています。私もかつては食品工場で働く派遣労働者でした。類は友を呼ぶのか、その派遣労働者時代にいっしょだった友達たちは今も非正規雇用で働いていたり、持病を悪化させたりしております。どうにもならない現実が転がっています。

神学校時代、夏期実習で大阪の部落解放センターに行きました。そのときあるセミナーの分科会で、生まれて初めて釜ヶ崎の街を歩きました。職安、炊き出しをする公園、支援をするNPO、シェルター、そして飛田遊郭をまわるたった三時間の出会いでしたが、消化できないほど、いろいろなことを考えさせられました。

講師に釜ヶ崎で生きる日雇い労働者の方が来てくださったのですが、その方が言われた最後の言葉が、刺さるように印象に残っています。

「この街に来る人は、競争が好きではなく、誰かを蹴落としてまで生き残ろうと思わない人たちで、競争になじめないからここに来た。そして釜ヶ崎に残っている人は誰かを蹴落としてまで勝ち残ろうとは思わない優しい人たちだ。勝ち残ろうとする人はこの街に流れ着いても出ていく……」

本当にその言葉通りなら、これほどやりきれないことはありません。「優しさ」ゆえに不当な苦しみを受けている……。そんなことがあってたまるかと思うのですが、その現実を認めざるを得ないのです。

優しい人が、不当に苦しめられることのない世界をつくっていきたい、そう願います。優しい人が、イエスのように人の苦しみがわかる優しい人たちが、苦しめられることのない世界が実現するとき、今日聞いたエレミヤの預言が本当の意味で成就する日なのだろうと思います。その日まで、本当の意味で、聖書から読み取らねばならないことを読み続け、伝え続けていくために、教会は必要です。いつか聖書が読まれる必要がなくなる日まで、教会が必要なくなるその日まで。

お祈りします。

すべての命の源の天の神さま、御名をあがめて賛美します。

今日聞いた預言が一日も早く実現しますように、「主を知れ」と教えあう必要のない日がきますように、本当の意味で神の御心を知っている人に仕え、この世界に神の国の実現していくために送り出してください。私たちが神と人を愛するということをいつも心に刻み、またそれが神によって刻まれていると信じ、そこから新しい世界を作っていくことができますように助けてください。

阪神大震災が発生して21年目の朝を迎えました。災害は「仕方のない」ことなのでしょうが、被害を受けた方にとっては「仕方のない」では済まされない苦しみがあります。どれだけの時間がたっても、忘れられないことがあります。どうか、私たちがその苦しみ悲しみのために必要なことをしていくことができるようにしてください。

言い尽くしえません願い、感謝を、ここにいるすべての願い祈りに合わせて、私たちの模範である、キリスト・イエスの御名によって祈ります。アーメン。


（２０１６年１月17日　日本キリスト教団 なか伝道所）

神の業が、この人に（ヨハネによる福音書9章1～12節）

本日の聖書はヨハネによる福音書9章に残されているイエスの癒しの物語です。イエスとその弟子たちが通りがかりに生まれつき目の見えない人を見つけられました。前の7章、および8章では「仮庵の祭り」でのイエスのふるまいの記事がありますから、そのつづきでイエスと弟子たちは神殿の程近くにおられたというふうに場面が設定されています。8節に「近所の人々や、彼が物乞いをしていたのを前に見ていた人々」とでてきますから、この目の見えない人が神殿の近くで物乞いをしているのをご覧になったのかもしれません。その時に弟子たちがイエスに「この人が生まれつき目が見えないのは、だれが罪をおかしたからですか。本人ですか。それとも、両親ですか」（2節）と聞きました。それに対してイエスは「本人が罪を犯したからでも、両親が罪を犯したからでもない。神の業がこの人にあらわれるためである」と弟子たちの問いかけを否定します。「神の業があらわれるためである」ということが、その人の目が見えるようになる奇跡を通して示される、というのが大まかな物語の流れです。

「病や障がいは罪をおかしたからである」というのは当時の世界の常識でした。「両親が罪を犯したから」ということは、十戒の中の「わたしを否む者には、父祖の罪を子孫に三代、四代までも問うが」（出エジプト記20：5、申命記5：9）から来ているようです。十戒の趣旨からいくとその読み方は明らかに間違いですが、そのように考えられていたようです。

ある人が障がいを持っていたり、また病気になったりしたときに、弟子たちの言葉のように「その人が罪を犯したからだ」とか「その親が何かしたからだ」とか「天罰が下ったからだ」とか、説明にもなっていない原因を見つけ出して納得しようとしたり、偏見や差別を正当化しさえする傾向が人間にはあります。人間というものは「理由なしになにかが起こる」ことに耐えられず、無理矢理にでも理由を見つけ出して納得しようとします。

「このお弟子さんたちは『病気や障がいは罪の結果』だと考えている古代のユダヤ教世界の人たちだからそんな風に考えていたんだ」と簡単には言えません。私たちの生きる現代でもかたちをかえて弟子たちのような言動を見聞きします。子どもが病気になったり障がいをもったりしたときに、親に特に母親に「あなたの育て方が悪かったんだ」とか「あなたが目を離したからだ」ともっともらしい、でもよく考えたら間違っている理由づけをして責める人がいます。現代だから因果応報的思想から自由になったり、理由のないところに無理矢理理由付けする差別から自由になったとは言えません。

イエスは弟子たちも持っている「罪をおかしたから」という偏見を打ち砕くように「本人が罪を犯したからでも、両親が罪を犯したからでもない。神の業がこの人にあらわれるためである」と宣言します。ここで考えたいのは、イエスがこの言葉を弟子たちに向けて語られたということです。弟子たちは物乞いをしていた生まれつき目の見えない人を見て「この人が生まれつき目が見えないのは、だれが罪をおかしたからですか」と聞いたのでした。これは「安全圏」にいる人間でないと出ない言葉です。「自分とはとりあえずは関係がない」と思っていないと出ない言葉です。もっと言うならば「自分たちはこういう障がいが出るような罪をおかしていない」と思っているから出た言葉です。イエスはそれをたしなめられたのでした。「神の業がこの人に現れるためである」という言葉にはさまざまな思いがこめられていたでしょう。「すべての人は神によって創られた。しかし、神が選んで神の業を示されるのはこういう人を通してである。自分の持っている障がいの不便さや苦労だけではなく、そういういわれのない偏見を持って余計に苦労している、その人から、その人の願いから神の業は現れるのだよ。何かができたり、余裕があったり、力があったりそういう人から神の業がでるわけではないのだ」ということを含む宣言としての言葉でした。イエスの弟子たちは職業であったり別のことがらで差別偏見を持たれていた人たちだったでしょうから、「お前たちも差別偏見を受けているのに自分は安全圏にいるときはそのところから差別するのか。考え直せ」という怒りもあったでしょう。そんなことを想像します。

気をつけなければならないのは、イエスはこの「神の業がこの人に現れるためである」という宣言を「健常者」である弟子たちに向けて言ったということです。障がいをもっている人にこれを直接言ったわけではありません。偏見から抜け出せない弟子たちに対して「障がいを持っているということで、人並みならぬ苦労をされている人から、またその人の真っ当な願いから神の業が現れるのだ」という宣言は、確かに衝撃的で効果的であり必要な宣言でしょう。しかしこの言葉にも限界があります。「『神が御自分の業をあらわされるためにその障がいをもっている人がつくられた』というなら、その人はどうしてそのために人とは違う苦労を負わなければならないんだ」という疑問が出てきます。この言葉を書き残した人にはそのことに関心がありません。あくまで「健常者」である弟子たち、「健常者」である読者たちに向けられた言葉だからです。その意味ではこの言葉にも、障がいを持っている人をある意味で無視している、「健常者」の上から目線の域を出られない言葉です。ともすると「あなたに障がいがあるのは神の業があらわれるためなのだから、そこに不満をもったり文句をいったりしてはいけません。不便なことがあってもがまんしなさい」という風に使われかねない言葉です。障がいを持たれているかたが自分自身に向けて励ましの意味を感じ取って「神の業があらわれるためだ」と考えているのであれば良いし、そのようにここを読まれているかたも少なくはないのですが、「健常者」が障がいをもっているかたに向けて言ってしまってよい言葉でもありません。

しかし、このような限界があるにしても、「神の業がこの人に現れるためである」という言葉には無視できない輝きがあります。大事なことですので何回でも申し上げます。神の業がこのような人、すなわち、身体やこころに障がいがあったり、病気があったりして人並みならぬ苦労をしている人やその人の願いから現れるのだという宣言、その信仰は真理であると言いきってよいものです。キリスト教、キリスト教会が世に対して発信していくべき価値観のひとつです。

しかし、そのような価値観に真っ向から反抗する事件が起きてしまいました。

7月26日、ちょうど一か月ほどたちましたけれど、相模原市の津久井湖の近くの重度障がい者施設に元職員の男が、入所している重度障がい者を刺し殺したという事件です。見聞きするだけで悲しみと怒りがこみあげてきます。この被疑者の男はこの施設で働くうちに、そこに住む利用者を「生きている価値がない」とみなすようになったそうです。なぜそうなったのか、そして「なぜこのようなことが起こってしまったのか」は冷静に分析するべきことです。それには複合的な要因があって一言ではすまないでしょう。ひとつ言えることは、この社会全体が「役に立たないものはいらない」価値観にとらわれてしまっているからです。事件のあと、主にネット上で「こういうことをしたくなるのはわかるけれど、実際に実行するのはよくないよね」という言説があふれていました。ある人の障がいが重く、コミュニケーションがとりにくいほど社会のお荷物であり「この社会にはいらない」と思われてしまっている現実があります。この被疑者が衆議院議長宛に犯行の計画をもちかけた手紙の最後に「安倍晋三様のお耳に伝えていただければと思います」と書いてあったことも象徴的です。昨今のこの社会の価値観がどこから来ているのか、どこから影響を受けているかを示しているからです。そのような意味ではこの事件は「起こるべくして起こった」とも言えるのです。

このような社会を変えていくにはどうすればいいでしょうか？　このような価値観を変えていくために教会は何を発信し、また私たちはどう生きることを神から求められているのでしょうか？　私たちはどこから「神の業が現れる」のかを知っています。この世の価値観のように持っている人、力のある人、お金のある人から出るのではなく、むしろ何も持ってない人、偏見の中で苦労している人から現れることを私たちはすでに知っています。そのことを伝えていくこと、私たちもその信仰、その真理によって私たちのこの共同体をつくることが今、神から求められていることではないでしょうか。

（2016年8月28日　日本キリスト教団 なか伝道所）

天の国のための「宦官（かんがん）」（マタイによる福音書19章10～12節）

弟子たちは、「夫婦の間柄がそんなものなら、妻を迎えない方がましです」と言った。イエスは言われた。「だれもがこの言葉を受け入れるものではなく、恵まれた者だけである。結婚できないように生まれついた者、人から結婚できないようにされた者もいるが、天の国のために結婚しない者もいる。これを受け入れることのできる人は受け入れなさい。」（新共同訳、日本聖書協会）

〔彼の〕弟子たちが彼に言う、「もし人が妻と共に〔いる〕理由がそのようであるなら、結婚しても何も益になることはありません」。そこで彼は彼らに言った「〔この〕言葉はすべての者が受容するものではなく、授けられた者だけ〔が受容するの〕だ。つまり、母の胎からしてそのように生まれた去勢者たちがあり、また人間たちに去勢させられた去勢者たちがあり、天の王国のゆえに自らを去勢した去勢者たちがいる。受容できる者は受容せよ」（新約聖書翻訳委員会訳、岩波書店、改訂新版、２０２３年）

本日は「結婚」という切り口からいわゆる性的少数者の問題、セクシャルマイノリティの問題について考えてみたいと思います。

言うまでもなくキリスト教では「結婚」を神聖なものとして取り扱ってきました。カトリック教会では「結婚」は洗礼や聖餐と並ぶ「秘跡」です。「神が結び合わせたものを人は離してはならない」という聖書の言葉を宣言の言葉として、離婚することは許されないとずっと考えられてきました。プロテスタント教会も例外ではなく、昔というほど昔ではない時代に「信徒は信徒同士で結婚してクリスチャンファミリーをつくって子どもたちにも洗礼を受けさせて信仰に導くべきだ」と考えられていました。「考えられていました」と過去形では言えないかもしれません。キリスト教の中だけではなく、世間一般にも「結婚してやっと一人前」という価値観が根強くあります。これに「女性」の話になると「子どもを産んで一人前」まで付け加わります。

確かにひとりの人と人が出会って、一緒に生きていく決心をして子どもが与えられるのは尊いことです。しかし、それが「しなければならないこと」として強いられると人を抑圧するものになります。

「結婚するのが当たり前だ」という常識が支配している世界では、どのような人でも結婚を直接的に間接的に強制されます。「男性と女性はそれぞれ気に入った異性を見つけて結婚しなければならない」ことを違和感なく受け入れられる人はもちろん多く、だいたいの人はそれが幸せだと考えます。しかし、それを強いられると、その人の「真実」を生きられなくなる人もいます。例えば、ステレオタイプで捉えずあくまでひとつの例として聞いてほしいのですが、「自分は男性（あるいは女性）で、本当は同じ男性（女性）が好きなのに」という人が居るとします。「男性は必ず女性と結婚しなければならない」という世の中では、女性（男性）と結婚しなければなりません。また、そもそも「結婚の前に恋愛自体に興味がない。いわゆる恋愛感情が全くない」人もいます。そのような状況で本人からしてみれば意に沿わない「結婚」という制度を強いられた結果、不幸なことが起こります。「出世のために結婚したけれど、その結婚相手は社会的な顔としての結婚で、子どもをつくったら指一本ふれず、家庭の外で気に入った恋人見つけて……」と、したたかに生きていける人はまだいいのです。「ウソ」を強いられて苦しんでいる人も決して少なくありません。「本当は同性愛者なんだけど、それに蓋をしてだまって結婚して、異性であるその連れ合いに家族として大事にしたいんだけど、ウソをついてるのはつらいのでカミングアウトして、これまで家族としてつきあいながら外に恋人がいるのを認めてほしい」という葛藤をかかえている人もいます。ややこしい話ですが問題がややこしくなるのは「制度」の中に人間を無理に押し込めるからです。そもそも「結婚しなければならない」世の中でなければ、その人は自分自身やまわりにウソをつく必要はないのです。

聖書の中で結婚を勧める。もっというなら、結婚を勧めて子孫を増すことが祝福であると読める箇所はたくさんあります。その記事自体もひとつひとつ「本当にそうなのか」読み直していく必要がありますが、逆に「『結婚』しなくても祝福されている」くらいに読めるところはないのかと探してみたら、やはりあるのです。そのひとつが本日の聖書マタイによる福音書19章10~12節です。

この言葉は、マタイによる福音書のイエスとファリサイ派律法学者が離婚について問答をしている物語の最後に出てきます。律法学者が申命記の離婚の記述を立てにイエスに挑戦しています。離婚するのはいいことなのか悪いことなのかです。それに対して、イエスは「律法に書いていているから『男性は妻をいつでもどんな場合でも離婚できる』と思い込んでいるのは傲慢だ」と神の創造の秩序から指摘して「神が結び合わせてくださったものを、人は離してはならない」（マタイ19：6）と宣言されたのでした。

その律法学者との問答をそばできいていた弟子たちが「夫婦の間柄がそんなものなら、妻を迎えない方がましです」（10節）といいました。それに対してイエスがお答えになったのが本日の朗読箇所です。

11節から12節にかけて「結婚できないように生まれついた者」「結婚できないようにされた者」「結婚しない者」と訳されている言葉があります。これはもとは同じ言葉で「宦官（かんがん）」とか「去勢された者」という意味の言葉です。耳慣れない言葉ですから差別的にきこえませんが、生殖能力のないことを揶揄（やゆ）する差別語としても使われた言葉でした。現代でいうと「タマナシ」とか「種なし」とかそのような差別的な悪口の言葉です。

ここでイエスは「宦官」を三つのグループに分けています。

一つ目は「生まれつき『宦官』だった人」。生まれつき生殖能力がなかった人を想像できるでしょう。また当時の「男性としてのふるまい」をしていなかったために、そのように思われていた人も入るでしょう。現代でいうセクシャルマイノリティの人はこの中に入るだろうと考えられています。

二つ目は「人から『宦官』にされた人」。これは奴隷制や戦争で捕虜になったゆえに去勢された人や、事故のために「宦官」になった人たちのことでしょう。

三つ目が「天の国のための『宦官』」です。ここがいちばん意訳されています。直訳にもどすと「天の国のために自分自身を『宦官』にした『宦官』」ということです。「自分自身を『宦官』にした『宦官』」とは、官職を得るために宦官になった人たちや、宗教的な理由で宦官になった人が想像できます。これに「天の国」とついているのです。神の国のために、あたかも去勢された男性のように結婚せず独身でいる人のことをいっています。

この10~12節の言葉はマタイによる福音書にしか残されていません。マタイによる福音書を書いた人たちが自分たちの状況に合わせてこれをイエスに言わせた。あるいは他の福音書を書いた人たちが使わなかった史料によってここに入れた。という2つの可能性があります。イエスに遡るなら、イエスとその弟子たちは「あいつらは宦官だ」と悪口を言われていた可能性があります。それに対して「いいじゃないか俺たちは神の国のための『宦官』だ。神の国のための『種なし』だ」と相手の悪口を逆手にとって、自分たちのことをこのように言っていたと考えるのです。あるいは、イエスにさかのぼらなかったとしても、いわゆるマタイ教団のひとたちが宣教のために独身をつらぬいていて「あいつらは『宦官だ』『種なしだ』」と悪口を言われていた可能性があって、それにたいしてそれを逆手にとって「そうです私たちは天の国のための『宦官』です『種なしです』」といって活動をしていたと考えます。イエスないしイエス後の人たちの強さ、したたかさが見え隠れするようです。

このような記事は、異性愛主義の中で「結婚できない」「結婚したくない」人にとっては大きな希望です。当時も結婚もせず、また当時の男性として当たり前にふるまわなかった人たちは奇異な目で見られたでしょう。それにもかかわらず信念を貫いた人たちも確かにいたのです。「『宦官』だと言うのなら私たちは神の国のための宦官だ」とレッテル貼りを笑い飛ばしていた人たちがいたのです。

しかし、一方でそのような差別を笑い飛ばせず文字通り死ぬ人たちもいます。つい最近、一橋大学の法科大学院に通っていた男子学生が、同性愛者であることを友だちに打ち明けた結果、自死に追い込まれたという痛ましい事件が起こりました（https://ja.wikipedia.org/wiki/一橋大学アウティング事件）。今は20年前に比べても、また10年前に比べても同性愛に関する事柄についても、いわゆる性同一性障害のかたへの事柄も理解が進んだように見えます。それでも「バレたら死ぬしかない」と思ってしまっている人も、また現に正体を明かした結果、周りに受け入れられず追い込まれてしまう人が少なくありません。そもそも「差別を笑い飛ばす」ことを少数者に求める状況自体が、少数者に犠牲を強いています。何かを犠牲にして居場所を確保させること自体が、セクシャルマイノリティに限らず、少数者に対する差別であることをわきまえていたいと思います。

「結婚」についていえば、結婚するのもしないのも恵みです。「天の国のために結婚しない者もいる」を引き合いに「神のために献身するのがいちばん尊い」とことさら強調するのも間違いですし、また聖書をつまみ読みして「結婚することが大前提だ」と言うのも同じように間違っています。

大切なのは、人が自分の人生を生きることができる、自分の「真実」を生きられることです。その人の真実を生きられる世界をつくるのが神の願いです。

（２０１６年10月16日　日本キリスト教団 なか伝道所）

「沈黙」の父、ヨセフ（マタイによる福音書1章18～25節）

四本目のろうそくに火が灯りました。クリスマス礼拝の前の最後の日曜日、第四アドベント礼拝を私たちは守っています。本日はイエスの誕生物語の中からイエスの養父ヨセフのことを取り上げてみたいと思います。

マタイによる福音書では、1章から2章にかけて、イエスの誕生ということに対してマリアの夫ヨセフに関係して語られています。ルカによる福音書が母マリアを中心としてイエスの誕生のことを伝えようとするのに対して、マタイによる福音書では、ヨセフとの関係を通じてイエスのことを明らかにしようとします。マタイによる福音書を書いた人は、おそらくヨセフに関する古い伝承を見つけてそれをイエスの誕生の次第に書き換えたのでしょう。

ヨセフと婚約しているマリアが身ごもっていることがわかりました。もちろんヨセフには身に覚えがありません。ヨセフは表ざたにしないで婚約関係を解消しようとします。そのように考えているとヨセフの夢に天使が現れ、恐れず妻に迎え入れよと勧められるのです。あらためてヨセフはマリアを妻に迎えイエスが生まれる、そのような筋書きです。

ヨセフに特徴的なことは、このヨセフがマタイによる福音書において、いや聖書の中において一言も発言をゆるされていないことです。沈黙しているということです。

18節からの言葉でヨセフに対してわかるのは「正しい人」(19節)であること、「ダビデの子」(20節)と言われていることだけです。「正しい人」というのは「律法に忠実な人」とも訳されます。「義である」と言ってもさしつかえないでしょう。

この「正しい人」ということに対してふたつのとらえ方の可能性があります。「律法に忠実な人」ということを強調するのがひとつ。律法を四角四面に忠実に守り、そこから逸脱しないという「正しい人」です。「正しい」ゆえに律法違反をゆるせず、離縁に向かう「正しさ」です。もうひとつは律法の中にうたわれている「愛」を実行しようとする方向の「正しい人」だということです。その意味の正しいという意味ならば「表ざたにせずひそかに縁を切る」という方向にむかう「正しさ」です。ヨセフが表ざたにするのを望まなかったのは、結婚している女性が夫以外の男性の子どもを身ごもったら石打にしなければならないという律法があったからです。結婚の前段階、婚約も結婚しているのと同じであるとみなされ、このルールが適用される可能性がありました。そのような身に置かれているマリアの身を案じたのでしょう。表沙汰にしないで縁をきれば、マリアの妊娠はヨセフと離縁してからと見られ、石打というリンチに合う可能性は低くなるでしょう。「正しい」ゆえにそのような配慮をしようとした、と。ここではどちらの「正しさ」であるとも読めます。

その葛藤ののち、ヨセフは「聖霊によって身ごもった」その母と子を受け入れます。天使の言葉にしたがって母と子を受け入れて共にエジプトに逃げます。一言も語らず沈黙し天使の言葉に従って母と子を守るのです。

このヨセフはマタイによる福音書2章以降登場しません。天使の言葉にしたがって幼子とその母を守ったとしか述べられていません。沈黙のうちに忠実であったヨセフの姿は、沈黙のうちに消えていきます。沈黙のうちに神にしたがう、もくもくと、とうとうと働く姿に美しさ、好ましさを感じます。そのような意味でヨセフは「沈黙の父」です。

しかし、この沈黙は強いられたものかもしれません。使信のタイトルを『沈黙』と二重カギ括弧にいれたのは、ヨセフという人は「沈黙のうちに忠実に御心をなした『沈黙の父』」であると同時に「『沈黙させられた』父」だったのではないか、と考えたからです。

マタイによる福音書3章以降、再びヨセフが登場することはありません。ルカによる福音書でも幼少時代が終わってから直接ヨセフのことが述べられることはありません。他の2つの福音書にもヨセフのことは書かれていません。共観福音書に宣教に出たイエスを母マリアとイエスの兄弟が連れ戻しにくる話はありますが、そこにもヨセフは出てきません。イエスの十字架の場面には母マリアの名前があり、母マリアとイエスの会話が描かれることもあります。でもそこにヨセフはいないのです。

マリアと結婚したときにすでにヨセフは結構なおじいさんだったから、イエスが宣教に出られたときにはすでに亡くなっていたとも言われます。たしかにそうなのかもしれませんが、聖書には言及がありません。ヨセフが年老いた男やもめだったというイメージは2世紀以降に書かれた偽典での設定です。イエスにはきょうだいがいましたからヨセフは年相応のお父さんだったと言う人もいます。ヨセフがイエスを連れ戻しに来た話にも十字架の場面にも出てこないのは、もう亡くなっていたからという可能性が有力です。しかし十字架のときにはまだ生きていたのではという人もいます。なんにせよヨセフは影が薄いというのは本当です。

ヨセフに沈黙を強いているのは福音書を書き残した福音記者たちです。その人たちにとってヨセフに関心がなかったり、また邪魔だったりしたからヨセフは福音書に書かれないのです。イエスがダビデの子孫であるのはヨセフがダビデの子孫だからなのにそれにもかかわらず、ヨセフの存在は陰をひそめています。もしかしたらイエスにとって「父」は神だったことを強調するために養父ヨセフを陰においているのかもしれません。そのような意味でヨセフは「『沈黙を強いられている』父」です。

しかしひとつだけ言えるのは、ヨセフは母マリアとその子を自分の妻でありまた自分の子として受け入れて育てた、ということです。イエスは長じて大工となり、のちに癒しと共に食べるということをうちだした宣教に出ていきます。

沈黙のうちに、沈黙させられているヨセフのうちにさまざまな葛藤があったでしょう。それを「聖霊によって身ごもった」ということにしてヨセフはイエスを育てたのでした。当時は中絶なんてできなかったにしても、その気になれば生まれたばかりの子どもをそれこそ密かに殺すこともできたはずです。ヨセフはそのような父ではありませんでした。

最初にヨセフの「正しさ」とはどういうことかということを話しました。やはりヨセフは律法に裏打ちされた愛を行おうとする「正しい人」だったのでないでしょうか。現代のこの世の中では交際している人の子どもを虐待して殺してしまう事件がよく明るみに出ます。そんなやつは論外だと言うのは簡単ですが、自分の子どもを大切にするのも大変なのに、ましてや自分の子どもでない者を自分の子どもとして受け入れるのは困難なことです。少なくともヨセフはそれをやってみせたのです。福音書の中で一言も発することなく、葛藤の中で困難な愛を実践していく、そのことをヨセフは私たちに教えてくれるのです。

クリスマスまでの最後の一週間、慌ただしい中で、できるだけこころ静かにクリスマスを迎える準備をしたいと思います。沈黙が美徳になるなら、何のために沈黙するかが大事です。私たちが沈黙するのは黙っていなければ聞こえないような小さな声を聴くためです。沈黙を強いられている人の声を聴くためです。聖書を読み直すと、沈黙を強いられているヨセフの声が聞こえるような気がします。ヨセフの記事はそのことも私たちに示してくれているのです。

（2016年12月18日　日本キリスト教団 なか伝道所）

人は助け合うようにつくられた（創世記2章18〜25節）

新しい年を迎え、そしてクリスマスのときも終わりました。いつもの日常に戻りつつあります。この中にもお正月休みが終わって、仕事が始まっている方も少なくないでしょう。このメッセージの時間はあらためて「人間とは何か」を考えたいと思います。人間とはそもそもどういうもので、どのように生きることが神から望まれているのでしょう。特に創世記2章の創造物語を読み直しつつ考えます。

みなさんもよくご存じだと思いますが、聖書のはじめ創世記の1章と2章には二つの創造物語が残されています。この世界には他にもさまざまな民族のうちで語り伝えられている天地創造の物語があります。古代の人たちは自分たちの生きていく中で、自分たちはどこからきてどこにいくのか、自分たちは何者なのかという物語を語り伝えていったのでした。このような物語を「神話」と呼びます。神話は科学的事実そのものではありませんし、科学的な事実を語ることに関心をもっていません。神話はいわばその物語を語り継いでいった人たちの「信仰告白」であり、その人たちなりの「意味づけ」です。

古代のイスラエルの民も他の民族からのさまざまな創造物語を聞き、その物語を自分たちの意味づけ、自分たちの信仰告白に語りなおしました。そして聖書を現在のかたちに編集した人たちが、多くの創造物語から1章の物語と2章の物語を選んで聖書の最初に置いたのでした。1章と2章の物語には多くの違いがあり、それらを事実として読もうとすると多くのこじつけが必要となります。編集した人もそんなことはよくわかっていたことでしょう。その両方を置いたのはどちらも大事な告白であり大事な記憶だからです。そしてどちらの物語も現代に生きる私たちに多くのことを教えてくれます。

2章の創造物語を読み進めて参りましょう。2章4節から二つめの創造物語がはじまります。まず、カラカラに乾いた大地から水がわき出て地を潤します。それから神は土をこねて命の息を吹き入れ、人を造られます。ここでの「人」はヘブル語で「アダム」ですが一般名詞としての「人」であり、「土くれ」と訳してもかまわない言葉です。神はエデンの園をつくり、土くれとしての人をそこに置いてその地を耕すように命じられました。

その神はこのように言われました。「人が独りでいるのは良くない。彼に合う助ける者を造ろう」（18節）そのように言われて神は人と同じように他の動物も土から造り、人のところにつれてきました。人はそれらに名前をつけましたが、動物たちは「彼を助ける者」にはなりませんでした。

そこで神は土くれである人を深い眠りに落とし、人からあばら骨の一部を抜いて、そのあばら骨から「女」をつくりました。眠りからさめた人はその「女」を見て、「ついに、これこそわたしの骨の骨わたしの肉の肉」と喜びの叫びをあげました。そしてその人とその妻は裸であって、恥ずかしくなかったとあります。

この物語もこの時間だけでは語り尽くせないほど多くのことを指し示しています。今日取り上げたいのは、「人はもともと助け合うようにつくられている」ということです。

「人は独りでいるのは良くない」と言われた神は、「助ける者」になりうるものとしてありとあらゆる獣をつくられました。しかしそれらは人間を「助ける者」にはならず、土くれである「人」から「あばら骨」をとりだし「女」をつくられたのでした。

ここでいう「助ける者」という言葉は、単なる「助手」や「補助する者」といった意味ではありません。聖書の他の部分、特に詩編では「救い」とほぼ同じ意味の「助け」という意味で使われます。この言葉は神の「助け」のように神さまのご性質をあらわすものとして使われています。

　この土くれとしての人に性別はありません。土くれから造られた動物が人間の「助け」にならなかったので、神は土くれからあばらをとりだして「女」をつくり、あばらをとりだされたもとの土くれが「男」になります。これは男から女が作られたという物語ではなく、土くれである人間から男と女をわけた話です。人間から人間を造った話とも言えるかもしれません。「人間」を助けるものは「人間」から造られたのです。

　そして、この男と女は裸であって、はずかしくなかったとあります。新共同訳では「裸であったが」と逆接で書かれていますが、元の文では「しかし」も「そして」も同じ言葉ですのでどちらなのかは文脈で判断するしかありません。もし「そして」の意味にとったらどうでしょうか。「裸」であることが神の望まれた状態であるという風に読めます。この「裸」で象徴しているのは、この造られた人間同士「かくす必要がない」ということです。本音で向き合えるということです。

　この物語は、人間の創造、男女の創造の物語を超えて、「人間の理想とは何か」を伝える物語ではないでしょうか。人間はそもそも助け合うようにつくられていて、何も隠し事をせず、裸で向き合えるというのが本来の姿だとうたわれているのではないでしょうか。

しかし、現実はなかなかそのようになっていないことも私たちは知っています。人間同士率直に本音を出し合って、困っていることを正直に言って助け合えているかというと、かなしいけれどそうではないことのほうが圧倒的に多いのです。「人間の悩みの大半は人間関係だ」とも言われます。そんな個人的なことではなく、日本というこの国のこと、社会のことをみまわしても結局、人間が人間を苦しめているという現実を目のあたりにします。土くれにすぎない人間が、さらにしわ寄せを受けている人間を抑圧しているのです。

この物語では、人と人との関係こそが神から贈られた「助け」であり「救い」だと示しているように読めるのです。人間同士の関係を「助け」にするのか、それとも「呪い」にするのかは究極的には人間にゆだねられているのではないのでしょうか。もちろん人間が「助け」にならないのは、創造物語が伝える理想からはずれてしまった文化や構造が助け合うことを邪魔しているからです。それをとりはらうのは容易ではありません。しかし、今日聴いた「人間はそもそも助け合うようにつくられた」というメッセージを忘れないようにしたいと思います。人間同士の関係を「助け」に戻していく努力が、土を耕していくように、今いっそう、私たちに求められているのではないでしょうか。

（2017年1月8日　日本キリスト教団 なか伝道所）

神の道義（イザヤ書58章6〜8節）

受難節最後の週となりました。今日は棕櫚の主日です。また今度の金曜日はイエスが十字架につけられたことを覚える受難日です。本来はそのことをお話しするべきかもしれません。けれども、今日は私がなか伝道所に担任教師として出席する最後の礼拝です。私がなか伝道所に置いてもらった一人の教師として、また皆様の仲間として聖書を読んで、私がなか伝道所について考えてきたことをお話しする機会にしたいと今日の聖書の箇所を選びました。

本日選びましたイザヤ書58章はいわゆる第三イザヤと呼ばれている箇所です。イザヤ書はイザヤという預言者一人の手によって書かれた。あるいは預言されたものではなくて、どうやらイザヤの他に名前が分からないので第二イザヤ、第三イザヤと呼ぶしかない弟子たちの残した言葉が一つの書として編集されたふしがあります。

その中で第三イザヤと呼ばれている箇所は、56章からイザヤ書の終わりまでです。捕囚から解放されて帰ってきたけれど、無気力になって無信仰になっているユダの民に対して励まし、勧告を与えるかただったと言われています。58章は断食、安息日について語っています。捕囚後のイスラエルの民は、安息日や断食を大事に実践することになりました。断食の安息日は、神に対する愛の行為です。神を偉大に思うからこそ安息日を守り、また断食という宗教的な苦行を行います。しかし、断食をしているのにどうして神さまは顧みてくださらないのか、という民の嘆きが冒頭に出てきます。それに対して第三イザヤと呼ばれるこの預言者は「あなたたちはねえ、断食の精神を分かってないんだよ」そういう批判でその民に対して神の言葉として言います。それが6節、7節です。

わたしの選ぶ断食とはこれではないか。
悪による束縛を断ち、軛（くびき）の結び目をほどいて
虐げられた人を解放し、軛をことごとく折ること。
更に、飢えた人にあなたのパンを裂き与え
さまよう貧しい人を家に招き入れ

裸の人に会えば衣を着せかけ
同胞に助けを惜しまないこと。

悪の軛を断ち、飢えた人にあなたのパンを割き与える、この二つが本当の断食だと第三イザヤは民に迫ります。断食とは食べ物を断って神に対する許しを請う宗教的儀礼、と人は捉えがちです。第三イザヤはそれをダメだともやるなとも言いませんが、それよりも、断食の目的を忘れてしまった民に、神の求める本当の断食とはこういうことではないかと示します。宗教的儀礼ばかりを大事にして人を顧みない姿勢、それを第三イザヤは批判しているのだと思います。この6節の「軛」は面白いたとえだと思いますが、日頃から農業、酪農に携わっているわけではなくピンとこないので調べてみました。牛やロバの首にはめて行動を制限するための横木だそうです。ここでの軛とは抑圧的な社会の仕組みでしょう。すなわち神の求める断食とは禁欲的な宗教儀礼ではなく、まず抑圧的な支配構造に苦しむ人を解放すること、そしてその抑圧、軛、抑圧的な構造そのものを壊すことだというのです。このように第三イザヤは自分のためにする断食、形式だけになってしまった断食、そのようなものが横行する中で抑圧するものを解放するはたらき、そして貧しいものにパンを割き与える、そのような働き、その二つを神の求める断食だと預言しました。この両方を同時に進めることが大事だと思います。

ともするとパンを割き与える、という奉仕は軛を壊すよりも、思いつきやすいし実践しやすいかもしれません。もちろんそれは本当に大変なことです。自分の取り分を減らして人に与えられないのが人の性分ですから、それはそれで大変でしょう。でも、社会そのものの仕組みをひっくり返すよりは楽かもしれません。といっても奉仕を受ける必要のあるその人にとっては一時的であるべきでしょう。本来、それが恒常的で当たり前な状況になってはいけないと思います。施しは分けられる側の自尊心を壊す可能性が大変高いからです。

ここでひとつ思い出すことがあります。私は農村伝道神学校です。ちょうど今、後輩が入って来て目が合ったので聞いてみます。「寿活動実習ってこれからでしたっけ、もうお受けになってたんでしたっけ。ああ、終わったんですね。」実習科目として金曜日の炊き出しへの参加が始まったのは二代前の先輩たちからです。私の代から寿地区の炊き出しに一年間参加することが卒業の要件になりました。町田の山のふもとから6時40分のバスに乗らないと8時の集合に間に合わなかった。今もそうですね、きっと。「いやあ早かったな」と思い出します。ここは本当に原稿がないので思い出しながらお話ししますが、ある中高一貫のキリスト教主義学校の生徒さんが、2クラス単位で大勢ボランティアに来られたことがありました。一か月半ぐらい続いて「普段のボランティアにはやることないよ」、くらいの状態になったときです。三森さん[注1]に頼まれ、生徒さんたちと一緒に炊き出しの食事を渡す列に並ぶようにと頼まれました。並んでいる中には、若い子たちが珍しいのか声をかけてくる町のおじちゃんがいっぱいいました。「まぁまぁ、若い子にそんなこと言わないで」と私も言いながら一緒に並んでいました。この街にお住いの割と私に年齢の近い方がたが来られて「これをみてどう思う？」と。それはおそらく「並びたくて、並んでるんじゃないんだ」という趣旨で言われたのを思い出します。その一言で炊き出しをしていれば解決じゃないと私は教えられた気がします。本当は炊き出しが必要ないような状態にするのが本来のはずです。それが20年間なかなか本来の姿にならなかった。今も続いていることを痛みとしながらこの言葉を読むわけです。

悪の軛を悪霊の束縛をたち、軛の結びを解いて、軛をことごとく折る、そしてパンを割き与えるという二つが並んでいることが大事だと私は思います。神はこの両輪が人の生きる道、道義であるとあらゆる人に対して預言を通して求めておられるのではないでしょうか。この二つのことがらが、ユダヤ人でなくてもクリスチャンでなくても、宗教的な背景がない人でも、政治に対して他の哲学をお持ちのかたにとっても、普段そんなことなんて考えてないよっていう人にとっても、あらゆる人にとって道義である、道義たり得ることだと私は考えます。

農村伝道神学校3年の2月だったでしょうか、一度なか伝道所の礼拝にお邪魔することがありました。そのときはたまたま都合のつくかたが見つからなかったのでしょう。(牧師の)石倉(夕子)さんからちょっと要約筆記を手伝ってほしいと言われました。私はその当時行っていた教会で辛い思いをしていて、「ふらふらしてるなら行ってみようか」くらいの感じでお伺いしたんです。その日は礼拝の後、Oさんが出席される読書会で要約筆記をさせていただきました。読んでいたのが何の本だったか全然思い出せないんですが、本を読み終わった直後、(初代牧師の)渡辺英俊さんがOさんに話した中でこんなことを言われました。「教義はわからなくても、道義は分かる」このセリフは覚えてるんです。宗教的な教義というのは、その宗教に属していない人にとっては、分かりかねるかもしれない。でも神が人に与える、人に示している道義というものは確かにある。それは、宗教の枠を超えて、宗教の外から見てもわかるものだという趣旨に私はとらえて感銘を受けたのを覚えています。ちょうど自分の行っていたのがそこそこリベラルで頑張っていた教会ではあったのですが、私には辛く感じられました。その辛さが何だったかというと、急に話そうとするとなかなか出てこなくて難しいのですが、開かれているように見えて開かれていないところがあったり、結局若い人って教会の中ではいじめられるんだなと思うようなことがあったり、何かいろんなことが重なったんだと思います。

教会の閉鎖性とか、結局キリスト教は教会に人を集めるのが目的になってしまっているとか、そういう現実を目の当たりにしていた私にとって、教義ではなく道義は分かるという言葉は大変印象に残る響くものでした。そしてなか伝道所は本当に良い教会なんだなと思いました。私が卒業して様々な導きがあってなか伝道所に担任教師として置いていただけることになって、私にとってなか伝道所は、本当に教義ではなく道義を求める教会だと感じていました。なか伝道所に来た日から、最後にはきっとそんなことを申しあげて去るのだろうと思っていました。聖書箇所が決まっていたかはともかく、神の道義というテーマで使信をお伝えして私は辞めるんだと決めていたところがあります。英俊さんのその言葉を聞いて、私の祝祷は「神の道義に生きるすべての人たちと共に、豊かにありますように」としめくくるようになりました。それはわたしなりのなか伝道所に対する応答でした。

私にとってなか伝道所は最高の教会です。今でもそうです。そこを去らなければならないのは、本当に寂しいことです。でも、このたびまた神の時が与えられたこともまた、信じております。なか伝道所がこれからもますます神の道義を求める教会であるように、また、知らず知らずのうちに、神の道義を生きておられるかたと共にある教会であるように、私は願いつつここを去りたいと思っています。なか伝道所がやっていることもひょっとすると悪の軛として人を束縛することがあるかもしれません。たとえそうであっても神の願っている方向に少しでも向きますように。どんなに正しいことでも軛になることはある、と覚えつつ数か月考えてきました。神以外に人を縛るものがあってはならない。また神も人を縛っているのではないと私は信じています。なか伝道所がますます神の道義に生きる解放された教会となりますように、お祈りしております。

（２０１８年3月25日　日本キリスト教団 なか伝道所）

注1　三森妃佐子教師。当時、日本キリスト教団 神奈川教区寿地区センター主事を勤めていた。

記憶（マタイによる福音書1章1〜17節）

本日からみなさんとマタイによる福音書を読み進めます。マタイによる福音書は、紀元後70年の神殿崩壊ののちにディアスポラのユダヤ人たちによって書かれたと言われています。バビロン捕囚以後さまざまな事情からギリシャ世界でユダヤ教、イスラエルの神を信じていた人たちがいて、その散らされた人たちの中にキリストを信じる群れがあったのでした。マタイによる福音書を生み出したその共同体をいわゆる「マタイ教団」と呼んでおります。このマタイ教団の人たちが、自分たちの信じていることに沿って書き換えたり付け加えたりしてこのマタイによる福音書を作り上げていったのでした。

本日与えられた聖書であるこのマタイによる福音書の1章1節から17節に挙げられているのは「イエス・キリストの系図」とされているものです。新約聖書を開いて頭から読んでみようと思い立ち、いざ開いてみるとこの系図が飛び込んでくるのです。聖書を読み進めていくうえで、壁というか抵抗を感じてしまうところです。初心者泣かせといっていいかもしれません。いや、初心者だけではありません。この系図には41人の名前が挙げられているのですが、聖書をよく学んでいる人にとっても馴染みのある名前はごく僅かで、また旧約聖書にすら出てこない人たちもいます。現代の私たちにとってこの系図を読むだけではどのような意味がこめられているのかよくわからなくて無味乾燥のもののように思ってしまいがちです。マタイによる福音書を作り上げた人たちにとって、この系図にはどのような意味があったのでしょうか。

系図は一般に家系の正統性を表そうとするものです。誰がどこから来たのか表して、その人の権威づけのために書かれるものです。当時、ユダヤの有力な家庭は正当な血統であることを示そうとして系図を重視して保管しておいたものでした。マタイによる福音書を編み出した人たちもそのような社会常識の中にあって系図を用いてイエス・キリストの正統性を表そうとするのです。

この系図はイエス・キリストが現れるまでのイスラエルの歴史を振り返っています。私たちが記憶するべき、思い巡らすべき歴史の要約がこの系図に込められています。またその記憶するべき歴史ののちに、すべての人を救うイエス・キリストの歴史が続くのです。それは、神がかつてアブラハムとダビデに与えた救いの約束はイエス・キリストにおいて成就すること、またそれは安楽のうちに与えられるのではなく、むしろバビロン捕囚に代表されるような苦難ののちに実現されることを暗に示そうとするのです。

系図はイエスを「アブラハムの子」であると伝えています。この当時、メシアはアブラハムの子から出ると信じられておりました。創世記12章にアブラハムの召命物語があります。神はアブラハムを祝福し、彼を「大いなる国民」（創世記12：2）とすることを約束しました。また「地上の氏族はすべて　あなたによって祝福に入る」（創世記12：3）とも神は言われ、地上のすべての民への祝福もまた、アブラハムから始まると約束してくださっています。その約束が、このイエス・キリストにおいて実現すると伝えようとしています。

そして、イエスは「ダビデの子」ということもアブラハムの子であるのと同様、またそれ以上に強調されています。これはサムエル記下7章12節にある「あなたが生涯を終え、先祖と共に眠るとき、あなたの身から出る子孫に跡を継がせ、その王国を揺るぎないものとする」という神からの約束の言葉に基づいています。この当時からメシアがダビデの血統から現れるという期待がありました。イエスはダビデの子であるというメッセージは、14

代のかたまり三つからなるこの系図にもこめられています。というのは、古代には今のような数字はありませんでしたから、数を示すときにはヘブライ文字のアレフベートを使ったのでした。いまでもローマ数字は使われておりますが、それのヘブライ語版があったのです。ヘブル語で「ダビデ」は三文字ですが、その文字に対応する数字を足すと「14」になります。14世代が三つあるいうことで、ことさら「イエスはダビデの子」であることを指し示そうとするのです。

二番目の14代のかたまりは、歴代誌上の3章5節および10節から16節を下敷きにしているのですが、ヨラムのあとにアハズヤ、ヨアシュ、アマツヤという名前がくるはずなのに省略されていたり、またヨシヤとエコンヤの間にヨヤキムがあるはずなのに省略されています。

また三つ目の14代のかたまりでは、13節から15節の間には500年の歳月が流れており、ここを13世代というのは人間の実感としていささか無理があるように感じます。また、この三つ目の14代は13人しか名前がありません。なぜ名前が落ちているのかはよくわかりませんが、なんにせよマタイによる福音書を作り上げた人たちはこのようないささか強引にすら感じる系図を基にしてイエスがアブラハムの子、ダビデの子であることを指し示そうとしています。

このような系図ですからどうしても権威的で父権的な香りは拭えません。さらにこの系図には不思議なことに女性の名前が含まれているのです。当時、ユダヤの系図に女性が出てくることはめずらしいことでした。この系図に出てくる女性たちはどのような人たちだったのでしょう。

まず3節のタマルですが、創世記38章に出てくるヤコブの息子のユダの息子の妻です。タマルの夫が死に、またその夫の嗣業を遺すためその弟と結婚しますが、その弟も亡くなってしまいます。ユダにはもう一人息子がいたのですが、その息子がタマルと結婚すると死んでしまうとでも思ったのか、その子が成人するまで実家に帰りなさいとタマルに命じ、タマルは脇に追いやられたのでした。末の弟が成人しても迎えに来ないことを知ったタマルは、いちかばちか、娼婦に変装して舅ユダに近づき、結果ユダの子を身ごもるというサバイバルを繰り広げました。

5節のラハブはヨシュア記に登場します。エリコで遊女をしていた女性で、イスラエルによるエリコの陥落に一役かったことが知られています。

おなじく5節のルツは、ルツ記の主人公です。彼女はモアブ人でありながらユダヤ人の夫と結婚し、夫の死後、姑ナオミにつきしたがいベツレヘムに行きました。そこで親戚のボアズに見初められ夫の嗣業を残したのでした。

そして6節のウリヤの妻となっているサムエル記下の11章に登場するバト・シェバという名前のこの女性は、ダビデ王の横暴により慰みものにされたあげく、夫ウリヤを戦場の最前線に送られ殺されます。

この女性たちに共通することはなんでしょう。ひとつはこの女性たちがユダヤ人から見たら異邦人であったということです。タマルはユダが移り住んだ先の現地の女性だったでしょうし、ラハブはエリコの女性です。ルツはモアブ人であり、バト・シェバは夫ウリヤがヘト人（サムエル記下11：3）と紹介されていますので、おそらくバト・シェバもヘト人であったでしょう。アブラハムをとおして、またイエスを通して異邦人も救われるというそのようなメッセージが込められているのでしょう。

もう一つの共通点、それは「律法違反」を犯しているように見えて、そうせざるを得なかった、そうしなければ生きていけなかったサバイバルを経ていることとです。タマルは実家に帰らされたあと、娼婦のふりをして舅ユダに近づきました。舅と義理の娘が交わるなんてとんでもないことですが、元はといえば、ユダが末の弟とタマルを結婚させたにもかかわらず嗣業を残さなかったためにそうせざるを得なかったのです。タマルは律法違反で責められる可能性がありながらも自らの権利を行使し生きるためにしたことです。ラハブも遊女でした。遊女はイスラエルでは忌み嫌われましたが、生きていくためにやむなく遊女とならざるを得なかったのではないでしょうか。ルツはまず夫が亡くなったあとに実家に帰らなかったのがルール違反といえばルール違反であり、またルツ記を読むとボアズより家系の責任をより負っている人がいるにもかかわらずボアズと結婚します。表面的には律法違反です。バト・シェバも合意の上でダビデと関係したように解釈されていますが実際にはどうでしょうか？　王に逆らえば自分の身だけではなく夫の命運も危ういと思い、ダビデの意のままになるしかなかったのではないでしょうか？

表面的には律法違反に見えるということであれば、イエスの母マリアもそうです。聖霊によって身ごもったとしても、形だけ見れば婚約中に婚約者以外の子を身ごもるようなことをしたという律法違反を犯しています。

この系図は刻まれているその名前によってそんな女性たちの生を肯定しているように思えるのです。表面的で杓子定規（しゃくしじょうぎ）な律法解釈を当てはめることなく、生きるためのサバイバルを認めるように感じるのです。それを含めてイスラエルにとって大事な記憶でありその歴史である、とこの系図は暗に示しているのではないでしょうか。この系図に女性たちの名前があることについて、神もまたこの系図をつくりだした人たちもあたたかいまなざしを送ったように思えるのです。

神は表面的な律法遵守を杓子定規に人に求めているのではなく、神と人を愛するという律法の本質を求め、そして人に「生きること」を望んでおられる、そんなことがこの系図から読み取れるのではないでしょうか。

(2018年6月10日　日本キリスト教団 なか伝道所)

悔い改めに必要な実を結べ（マタイによる福音書3章1〜12節）

第二週の私の説教奉仕ではマタイによる福音書を読み進めています。本日から3章、すなわちイエスの公生涯の物語が始まります。本日の箇所にはイエスが登場するさきがけとしての洗礼者ヨハネの記事があります。

「そのころ」（1節）、すなわちイエスが成長して宣教の業（わざ）を始められるころ、洗礼者ヨハネがユダヤの荒れ野に現れて「悔い改めよ。天の国は近づいた」と宣言しました。評判をききつけたユダヤの全土から人びとが集まり、罪を告白し、このヨハネから洗礼を受けたとあります。その中には、宗教的支配階層と言ってよいファリサイ派、サドカイ派の人たちもいました。その人たちに対して洗礼者ヨハネは怒りをぶつけます。

「蝮（まむし）の子らよ、差し迫った神の怒りを免れると、だれが教えたのか。悔い改めにふさわしい実を結べ。『我々の父はアブラハムだ』などと思ってもみるな。言っておくが、神はこんな石からでも、アブラハムの子たちを造り出すことがおできになる。斧は既に木の根元に置かれている。良い実を結ばない木はみな、切り倒されて火に投げ込まれる。わたしは、悔い改めに導くために、あなたたちに水で洗礼を授けているが、わたしの後から来る方は、わたしより優れておられる。わたしは、その履物をお脱がせする値打ちもない。その方は、聖霊と火であなたたちに洗礼をお授けになる。そして、手に箕を持って、脱穀場を隅々まできれいにし、麦を集めて倉に入れ、殻を消えることのない火で焼き払われる」（7～12節）

余計な説明を加える必要もないほど、明確な怒りの言葉、神からの裁きを告げています。なぜ、マタイによる福音書において洗礼者ヨハネはファリサイ派やサドカイ派にこれほどまでに怒るのでしょうか？　それを考えるまえにこの「洗礼者ヨハネ」とは何者なのか、特にマタイによる福音書においてはどのように整理されているのか確認したいと思います。

洗礼者ヨハネは四つの福音書すべてに登場する人物です。彼はヨルダン川のほとりで洗礼について教え、来たる日の神からの裁きに備え、罪からの悔い改め、倫理的に正しい生き方をするよう人々に求める活動をしていたようです。禁欲的な、または世俗から隔絶した修道的生活を送っていたエッセネ派やクムラン教団、または旧約からの伝統で特別な請願を立てていたナジル人の生き方から影響を受けていたと考えられています。ただ、エッセネ派ほど社会と断絶していたわけではなく、むしろ公然と権力の不正を告発しました。そのためのちに処刑されることになります。

マタイによる福音書では、まず3節でイザヤ書40章3節を引用して「荒れ野で叫ぶ声」であり、来たるかたの道備えをする者であると紹介されています。また4節で「らくだの毛衣を着、腰に革の帯を締め、いなごと野蜜を食べ物としていた」というヨハネの姿は、列王記下1章8節に残されている預言者エリヤの姿を思い起こさせます。マタイによる福音書ではこのような記述によって、ヨハネこそ終末のときにふたたび現れる預言者エリヤであると示そうとしています。

また、マタイによる福音書においてはイエスの言葉とヨハネの言葉が一致するように書かれております。例えば、ヨハネの「悔い改めよ。天の国は近づいた」という宣言は、4章17節のイエスがガリラヤで宣教を始められたときの宣言と同じです。また、3章10節でヨハネがファリサイ派やサドカイ派の人たちに告げた裁きの言葉「良い実を結ばない木はみな、切り倒されて火に投げ込まれる」も、イエスの言葉として7章19節、15章13節に繰り返されます。マタイによる福音書におけるこのイエスとヨハネの共通性は、イエスとこの洗礼者ヨハネが歴史的事実として、ファリサイ派サドカイ派に対して共同してたたかっていたのではないか？　というマタイによる福音書を書いた人たちの主張が込められています。そして、ヨハネは同じ敵とたたかい、同じ権力者を批判し、結果的に同じように殺される。そのようなかたちでイエスの先取りとなった預言者エリヤとして描こうとするのです。

さて、なぜここで洗礼者ヨハネがファリサイ派やサドカイ派たちに怒ったのかについて見直していきたいと思います。最初の言葉「蝮(まむし)の子らよ」という呼びかけから怒りの強さがうかがえます。蝮とはいうまでもなく毒ヘビです。ヨルダン川一帯には蝮がよく出たそうですが、ユダヤ教にとってヘビは汚れた生き物です。また創世記3章からの堕落の物語でそそのかしたのはヘビですから、なおさら忌み嫌われています。ヨハネがファリサイ派やサドカイ派の人たちに「蝮の子らよ」と言葉を投げつけたのは、この人たちが「アブラハムの子だ」という自認を持っていたからではないでしょうか。それは「自分たちのことをアブラハムの子孫だと思ってもみるな」という言葉からもわかります。彼らはアブラハムの子孫であると自負し、そこからもれていないと誇ったのでした。律法の遵守に欠けることがなく、熱心でイスラエルの民として申し分ないと自負していたのでした。

そのような人がヨハネから洗礼を受けようとしたのですから、その洗礼は自分たちの宗教的敬虔さに箔をつけるためだとヨハネは見抜いていたのでしょう。悔い改める気がないのに洗礼を受けるとはどういうことだ。どんなに正しく儀礼を受けてもそこに悔い改めの意志がなければ何の意味もありません。ヨハネはファリサイ派やサドカイ派の人たちに「悔い改めにふさわしい実を結べ」とつきつけるのです。

「悔い改めにふさわしい実を結べ」とはどういうことでしょうか？　そもそも「悔い改め」とは。

「悔い改め」とは、元の言葉では「メタノイア」です。メタノイアとは直訳すると「向きを変える」ことです。悪いことをしたから反省するというのも確かに「向きを変える」ことですが、そのことも含め、それ以上に、自分の視点を変えて、生き方の方向転換を示す言葉です。見る視点を変えるにもどこに変えるかが問われます。本田哲郎神父はメタノイアに対して「低みに立って見直す」という訳語を与えています。自分と同じところにたっていても向きを変えることにはならず、目を向けるべきは人の痛みに共感できるところ、人が抑圧されているその人のところです。社会の中で痛みを覚えている人の視点を借りて物事を見直すということです。これは言い換えれば「愛」だと言えるのではないでしょうか。

イエスは「心を尽くし、精神を尽くし、思いを尽くして、あなたの神である主を愛しなさい」また「隣人を自分のように愛しなさい」(マタイ22：37、39)と教えられました。マタイによる福音書においてイエスは律法の完成者です(マタイ5：17)。さきほど、マタイによる福音書においては、洗礼者ヨハネはイエスを先取りする預言者エリヤであり、イエスの言葉とヨハネの言葉は一致するところがあると申し上げました。それによってマタイによる福音書を書きのこした人たちは、イエスと洗礼者ヨハネの一致性を強調しようとしたのです。だとすると、ヨハネは、イエスがいちばん大事にした教えである「神と隣人とを共に愛せ」ということも覚えていたのではないかと推察するのです。生前のイエスとヨハネにそのようなやりとりがあったかはわかりません。しかし、この「神と隣人とを共に愛せ」ということはユダヤ人にもともと与えられている律法の中にも書かれています。

以上のことから「悔い改めにふさわしい実を結べ」とは、自分の表面上の宗教的敬虔さから出て、視点を変えて、神と人とに愛し、奉仕せよということではないでしょうか？　形だけ整えて儀礼を受けてもダメなのだということ、悔い改めて、見ているところ立っているところ、生き方を変えて、神と人を愛して、隣人のために必要なことをしろということです。ほんとうに厳しい言葉です。しかし、私たちキリスト者はここで批判されているファリサイ派やサドカイ派の人たちのことを「関係ない」と言えるのでしょうか？　むしろこのヨハネの言葉は、私たちにとっても耳の痛い、そして耳を傾けるべき言葉なのではないでしょうか。

キリスト教は愛の宗教であると標榜してきました。初代教会、ローマでの迫害時代を経て、世界宗教となったのはキリスト教が愛の実践において厳しい宗教だったからです。その愛に生かされ、助けられた人たちも大勢いたでしょう。

その一方で、いつ頃からかその愛が「その愛を行う人の気持ちや行為」の意味になって、その対象となる人のことを本当の意味で愛していない、その人の意思や願いを無視する、自立を妨げてしまうようなものになってしまいました。愛を実践するために弱者が弱者であり続けるようにするという、愛による搾取が行われるようになってしまいました。

歴史の上で、そのような例は枚挙にいとまがありません。大航海時代、宣教師たちがいわゆる新大陸で開拓伝道をしますが、そこで行われたのは一言でいうと愛による殺戮（さつりく）でした。入植した人たちは「先住民の汚れた肉体に閉じ込められている魂を解放するために、先住民を殺さなければならない」という論理で先住民を殺していくのでした。先住民を殺すことが先住民のための愛であるという論理です。そんな愛を私たちは認めて良いのでしょうか？　500年にも満たないそんな時代に、キリスト教が愛の論理で人殺しをしていたのです。私は日本で起きたオウム事件の「ポア」を連想しますけれど、キリスト教にはあのオウム真理教のことを軽蔑したり、無視できない歴史があるのです。

日本ではたとえばハンセン病の方々に対する奉仕が熱心に行われていました。「らいキリスト論」によって、ハンセン病の人たちの苦しみのうちに十字架のキリストの苦しみを見出したのでした。苦しむ人のうちにキリストを見出すという信仰の態度が何から何まで間違っているとは思いません。しかし、この「らいキリスト論」によって、ハンセン病の人たちへの隔離政策を正当化し、断種や中絶といった甚だしい人権侵害を認めることになりました。

最近では2011年の東日本大震災がありました。津波で被災したある牧師が「津波のあとには物の津波と人の津波がきた」と発言しました。震災があって半年たたないころの発言だったと思います。それは、自分自身が被災したにもかかわらず奉仕しなければならなかったこと、送られてきた救援物資を粗末にしないように対応しなければならなかったこと、ボランティアや励ましに来てくださる方たちへの対応をしなければならなかったこと、嬉しかったけどつらかったし、励まされたけど大変だったという複雑な心境を語ったものでした。その含みを理解しなかった人たちから「自分たちの愛が否定された」と非難の言葉が届いたそうです。それを聞いて私は「なぜその人の立場に立てないのだろう」「立てないなら、いや、立てないにしてもなぜその人がそのような風に言ったか想像できないのか」と悲しくなりました。人間はそんなに単純なものではないのです。そして悲しいことにこれを言った側も、言われた側もクリスチャンです。愛に熱心になればなるほど、愛を見失ってしまう言動が生まれてしまうのではないでしょうか。

これらの事柄に共通するのは愛がそれを行う人の問題になってしまっていることです。愛は本来、それを受ける状況にある人を助け、励まし、自立させるためのものです。相手のことを無視して「愛すること」自分の行為のことだけを考えるとき、このような問題が起こるのではないでしょうか？ それは大航海時代の殺戮を思うまでもなく、歴史の中に残るものであるかを問わず、日常の中で私たちが陥りがちな罪ではないでしょうか？

そのような愛の罠から自由となり、悔い改めにふさわしい実を結ぶためにはどうしたらいいでしょうか。まずは、そもそも愛は「隣人のため」「その人のため」を徹底することです。愛とはその人を生かすことであり、その人の意思を尊重することであり、その人の自己決定と自立を促すことです。そのことをわきまえない愛は、愛ではありません。愛は、愛する行為をする人をみたすものではないからです。

もっと具体的にいうと、愛を受けなければならない対象の人の声をきくことです。その声を無視しないことです。その人の意思表示を大事にすることです。その人が「その愛は必要ない」という否定の意思表示を受け入れることです。自分の愛が否定されることを受け入れることです。それは本当の愛のために必要なことです。

悔い改めは日々必要ではないでしょうか。洗礼者ヨハネがファリサイ派やサドカイ派の人たちに伝えた裁きの言葉「悔い改めにふさわしい実を結べ」という言葉を自分の愛がふさわしい用いられ方をされているか、という私たちへの自己点検の言葉として聴くことが大事ではないでしょうか？　その悔い改めが、その積み重ねが、十字架のキリスト・イエスにならうように私たちを導く原動力なのです。

（2018年10月14日　日本キリスト教団 藤沢ベテル伝道所）

羊は神の声を聴く（ヨハネによる福音書10章22〜33節）

ヨハネによる福音書に記すイエスの物語のひとつで、舞台は神殿奉献祭中の神殿です。ソロモンの回廊と呼ばれる場所で律法学者たちとイエスとの対立、問答が行われたとあります。ソロモンの回廊は神殿の南側で一般開放されており、ユダヤ人、イスラエル人だけでなく神殿の近くにいるすべての異邦の民を含めて、あらゆる人が入れる場所でした。神殿は人によって入れるところが限られます。限られたときに大祭司しか入れない至聖所から、祭司しか入れないところ、イスラエル人しか入れないところ、またすべての人が共にいられるところ、という区別があったそうです。ソロモンの回廊はそういう意味で開かれた場所であったそうです。神殿奉献祭の季節は冬であったと書かれています。この祭は現在もハヌカという名前で祝われています。狭い意味ではバビロン捕囚から帰還した人たちが建てた、新しい神殿の奉献を記念したお祭りです。また、シリアのギリシヤ系セレウコス朝がパレスティナを支配していた最後の時代にマカバイ兄弟と呼ばれるイスラエル人が武装蜂起しました。その結果エルサレムからシリア軍を追い出して独立に成功します。アンティオコス4世によって神殿にゼウス像が持ち込まれ、イスラエルの民から見ると神殿が汚されました。その神殿を奪還し清めて、自分たちの祭壇を復興したことを重ねて記念する祭とされています。このマカバイ戦争のことは、新共同訳聖書のなかの旧約聖書続編の第一マカバイ記4章36節から61節に、また第二マカバイ記10章1節から8節に記録が残されております。

余談ですが、私たちは「メリークリスマス」あるいは教会では「クリスマスおめでとう」と声をかけあって祝います。イスラエルのユダヤの人たちは今でも「ハッピーハヌカ」と声をかけます。同じ冬至時期の祭りで、のちには冬至とも結びついて祝われるようになりました。何にせよ冬の出来事だったというのがわかります。

聖書に戻りまして、律法学者たちからはイエスの身分に関する討論がふっかけられます。「羊が私の声をききわける」というイエスのわざについて論争がはじまります。「いつまで、わたしたちに気をもませるのか。もしメシアなら、はっきりそう言いなさい」と、いわばケンカを売られるわけです。私たちがこの一言に本当にイライラするのは、別の聖書箇所でも似たような言葉を聞いているからです。たとえばルカによる福音書22章67節にユダヤ人議員たちのイエスに対する問答が残されています。また、マルコによる福音書14章53節から65節の尋問の場面にも似た言葉があります。これらの場面と同じようにイエスに迫るイライラした感じがあって、似ているゆえにまたイライラした感じがあると言えるでしょう。

そのように、ユダヤ人の議員たちが、はっきりそう言いなさいとイエスにせまります。それに対する答えは25節「わたしは言ったが、あなたたちは信じない。わたしが父の名によって行う業が、わたしについて証しをしている」というわけです。「わたしは言ったが、あなたたちは信じない」イエスはそう言ったけれども、あなたたちは信じて生き方を変えようとはしないではないか、また、私が父の名によって行うわざ、奇跡、ふるまいが結果的に私について証言しているというわけです。

そして、そのうえで26節から30節に、これは10章7節から18節までの言葉を要約してくりかえしています。羊飼いと羊との関係が述べられて、それがイエスとイエスの声を聴き分けるものの関係だと示されます。30節で私と神はひとつとイエスは言われます。この言葉によって挑発された議員たちはイエスを石打ちにしようとします。人は神ではないというユダヤ教の信念から外れて神を冒涜しているととられたわけです。

イエスを見て信じないということは、生き方が変わらないということではないでしょうか？　私の好きな本田哲郎訳『小さくされた人々のための福音』（新世社、２００１年）では25節はこのようになっています。「それに対してイエスは言った、私はそう言ったがあなたがたは信頼して歩みを起こそうとしない。私が父を身に帯びたこの生き方が私のことを証ししているのだ。しかしあなたがたは信頼して歩みを起こそうとしない。あなたたちは私の羊たちの仲間ではないからだ」

25節と26節をお読みしました。訳の是非はともかく信じるということを分かりやすく説明したいい翻訳だと思います。信じるとは信頼して歩みを起こすことである。イエスに出会ったゆえに生き方が変わる、ということです。現代においてはイエスを信じる、または信仰を告白してクリスチャンになることがある種の壁になってはいないでしょうか。信仰のあるなしで人を隔てているかもしれません。信じること、イエスの声を聴き分けること、それだけでいいと言われたのは現代の私たちが考える以上に画期的だったのではないでしょうか。当時、イスラエルの民は神から与えられた律法を、心と体で受け止めて実践して生きることによって救われるとされていました。救いのための律法がいつからか人を分け隔てして、あの人は律法を守れていないから神から見離される。私たちは律法を守れているから神から許される、認められる。そのような、分け隔てとして使われるようになりました。もしかするとそれは律法の精神ではなかったかもしれませんが、掟がひとつできるとそれによって隔たりが生じるのも人間の現実です。

そのうえで、イエスを見て信じた。イエスの声を聴いた人間がイエスの民であって、イエスの羊である。そういわれたのは画期的です。福音書の記者は10章の前まででイエスを見て信じたのは誰だったのかを、ここでの議員たちと対比して考えさせようとしているように思います。1章35節からの物語、最初の弟子はガリラヤの漁師ペテロとアンデレだったと言われています。イエスを見て信じたのは、最初はガリラヤの人でありました。ローマとその傀儡による支配のなかにあってガリラヤの街では「神の国がもうすぐ到来する」と支配から抜け出そうとする熱心党による神の国運動が起こりました。その結果手荒な出来事も起こり、疎んじられていた場所です。また、漁師は日常的に魚の血に触り、また魚を売るために安息日を守れない境遇におかれていたと言われています。律法を守れないというレッテルを張られた人たちが、イエスの最初の弟子でありました。

また4章には、サマリアの女との出会いがあります。このサマリアという地域も捕囚の時代にいわゆる異邦人との混血が進んだように、正統派と言われているイスラエル人からみたら異邦人扱いされ汚れたところとみなされていました。その中で昼間に水を汲みに行く女性と出会って、またその女性はイエスと問答の末、イエスを信じ受け入れ、村の人たちにイエスを伝えるという役割をします。イエスを見て信じたのはこのような人たちでした。決して律法を型どおり守って罪を犯さなかった、律法の正しさから出なかった人たちではありません。むしろ律法から外れている人たちがイエスをみて信じたと語られます。そのことから私たちが何を感じ取り、また感じるべきなのか考えます。

表面的な罪や個別のことを神のみこころであるかないかと、現代の私たちもつい論じてしまいます。それが自分へのかえりみを超えて、人のしていることにあれこれ頓着してものを言っていないでしょうか。ガリラヤ人はガリラヤ人のまま、サマリアの人はサマリアにとどまったまま、イエスを信じます。罪とレッテルを張られたところから、そのままイエスの声を聴いたことを私たちはわきまえているべきではないでしょうか。大事なのはイエスの声を聴くことであって、神を信じて自分の置かれているところから一歩でも神を愛し、人を愛し、自分を変えようとすることではないでしょうか。もう特定の属性や考え方によって、神の救いから漏れているとか、救われてないとか、神から離れていることを言われる時代ではありません。誰が神の声を聞いているか、また聞いていないか。また自分のことに対しても本当に神の声を聞いているか、イエスの言葉に耳を傾けているか、判断されるものではないように思うのです。イエスの声を聴くということ、聖書におけるイエスの証言を大事にする態度、そして神を愛し人を大事にすること、私たちは何よりもまずこれらのことを求めていくべきではないでしょうか。

特定の属性にあることが罪ではないのです。むしろ、罪というものが現代のキリスト教にあるとするなら、それは自分の生き方を神と照らして変えようとすることを怠り、神と人への愛を実践しようとしないことだと思います。これからも願わくはイエスの声を聴くものでありたい。また、そのための助けを神に願うものでありたい、そのように祈ります。

お祈りいたします。すべての命の源である神さま。御名を崇め賛美いたします。あなたはイエスを送ってくださり、イエスの声を聴くものを集めようとされました。特定の属性、特定の状況によらず、イエスの声を聴くことを大事にする、そのようなものをあなたが求めておられることを信じたいと思います。何よりもイエスの声を聴き、神と人を愛することを大事にする、そのことを私たちに求め歩むようにさせてください。

この場を覚えつつ来られない人たちのために祈ります。あなたの恵みがその場にあって豊かにありますように、心や体に痛みを覚えているかたがありましたら、あなたが癒しの御手を置いてください。どうか、すべての人が、あなたから与えられた命を全うし、あなたの恵みの中でできるだけ平安の内に過ごすことができるようにさせてください。もしこの場に、この場を覚えつつ来られない人たちの中で、あなたのために働いている、たたかっているかたがありましたらそのわざを強めてください。この祈りを尊い救い主キリスト・イエスの御名によって御前にお捧げいたします。アーメン。

（2020年10月10日　インターネット配信礼拝）

悪霊追放（マタイによる福音書8章28〜34節）

私が講壇担当の毎月第二主日はマタイによる福音書を読み進めております。本日は8章28節から34節、イエスが異邦人の地であるガダラ人の町に着かれ墓場に繋がれている二人の人を癒し、悪霊を追い出して豚の中に入れるという大変不思議な奇跡についてです。

この部分、元はマルコによる福音書5章1節から20節の物語です。ルカによる福音書の8章26節から39節にもありますので共観福音書の記者たちはこの物語をイエスについて語り伝える大変大切な証言として扱ったと言えそうです。

といってもマタイによる福音書のこの部分の記述は大変簡潔です。マルコによる福音書にある悪霊につかれた人とのやりとりは本当に鮮明でイエスのその人への愛情を垣間見せます。たとえば、悪霊から名前を聞き出し、追い出したところに、その人の人格を認める気持ちが現れています。またマルコによる福音書では、ついて行きたいと願う人に「あなたはそのまま残りなさい。この場で宣教しなさい」と告げます。その部分はマタイによる福音書にありません。このようにとても簡潔です。

また、マルコによる福音書5章1節にはゲザラ人の地方とありますがマタイによる福音書ではガダラと書き換えています。ガダラはガリラヤ湖南東約10㎞離れたところにあるヘレニズム都市だそうです。一方、ゲザラは50㎞ほどと距離があります。湖に近いガダラのほうが地名としては正確だとマタイによる福音書の著者たちは考えたのかもしれません。

また、マタイによる福音書では悪霊に取りつかれている人が二人いる点も違います。その人たちのことを覆い隠してしまうくらいイエスを前面に出して神学的に証明したいという意図がマタイによる福音書の描写から見て取れるようにも思います。外からやってくる天災である嵐を鎮めるイエスが、悪霊を追い出して人間を癒す権能を持つかたでもあると簡潔に表現しています。しかも悪霊を追い出して沈めた先は、先に嵐を鎮めた湖です。そういう意味では、悪霊は二回湖に沈められて滅ぼされるとも言えます。このように物語を簡素化することで、神の子イエスの権能を強調するのがマタイによる福音書の表現方法です。

この時代、現代的な精神医学や病名はまだありませんが、私たちは「墓場で悪霊に取りつかれた人は統合失調症だったのではないか」と思ってしまいます。病気を「悪霊の仕業だ」とする古代と「脳の性質や癖あるいは脳内物質が人間に都合の悪いことをした結果だ」とする現代とではそもそも物のとらえ方が違います。現代の西洋医学のような物の見方がなかった古代の文書に対して「現代的にはこうですよ」と言うのはもしかすると乱暴かもしれません。でも、私たちには病がすべて悪霊の仕業だとはとても信じられません。どちらにせよこのようなかたは、昔から確実にいらしたと覚えたいと思います。また、そのようなかたがどんなひどい扱いを受けたかも、併せて覚えたいのです。

こんなことを思い出します。私は２０１１年から２０１４年まで町田の農村伝道神学校の神学生をしていました。神学校の夏休み期間の集中講義で、牧会心理学というクラスがありました。ある私立大学の大学病院の精神科の医師が講師に来てくださって一年次から四年次まで、また聴講の人も含めて精神科と教会、牧会が出会う場からケーススタディとして、教会にこういうかたがいらしたら私たちはどのようにかかわるのか皆で話し合う形式のクラスがありました。二日目から三日目にかけて話し合います。科目としては同じですが複数回履修できるので1年生から3年生まで出席したように記憶しています。講師もテーマも同じですが、出席者が入れ替わるので話の内容も変わるのを体験しました。統合失調症だと思しきかたが教会に来られたときの事例について考えたときに講師の先生がこんなふうにおっしゃいました。「有史以来統合失調症の有病率は変わらない。同じだけいるはずの人がいないとされていたらそれは間違いだ」と。その人が本当にキリスト者であることと、医師であることを誇りをもって両立させているのを感じました。神学校の授業というのは時間をとられるけれど金にはならない仕事のまさに筆頭なのに、情熱をもって真摯にこう語ってくださるのがわかりました。いるはずの人がいないとしたら、それは、この物語のように墓場に追いやられてしまって、普段はいないことにされているからではないでしょうか。

こういったことを痛感する事件がありました。つい最近報道で知ったのですが、精神科専門病院として本当に名高い東京都立の松沢病院という病院が世田谷にあります。精神科を中心とした総合病院というか、精神病、精神疾患、精神障害者を診るために他の科が併設されていると表現するのが正確かもしれません。そこの病院が四月からコロナ患者を受け入れています。精神疾患によっては、たとえばマスクをつけ続けられない、手を洗えない、など自分の努力で感染を防げない障がいをもつ人もいます。他の精神病院でコロナに感染したけれどそこの病院で治療が継続できないという事例がでてきます。一般のコロナ病棟に移るのも難しいというわけで、松沢病院が四月から精神科の病棟で、かつコロナ専用病棟をつくると決めて受け入れたのです。他の精神科病院でクラスタが発生して救急搬送されてくる患者さんもいます。そういった患者さんたちの体がとんでもない状態で、あきらかに人権を無視した対応をされていることがわかってしまうことがあります。お尻の骨の部分が出るほどの褥瘡（じょくそう）（床ずれ）があったり、骨の部分が壊死している、皮膚の下で筋肉が壊死しているなど。患者さん本人に元居た病院がどういうところか聞くと、大広間にコロナになった人を閉じ込めて外から南京錠をかけられていたとか、築60年以上の古い病院の建物の畳敷きの部屋に布団を並べた大部屋に陽性の患者と、陰性の患者を混在させたまま寝かせてクラスタが発生した、なんてことも本当にあったそうです。精神疾患、精神障害の方を長く病院に閉じ込めておくという、懲りない精神科のやり方がはたして理にかなったことなのかとまた問われます。

どこに寝かせていても症状が同じであれば病院の中にいなくてもいいとも考えられるはずです。でも多数派である健常者の都合によってコロナを患った精神疾患の患者たちが見えないところへ、墓場へと追いやられる状況を私たちが作り出していることを自覚する必要を切実に感じます。

この事件から現代でも墓場としか言いようのない状況があると身に染みて感じます。大規模な精神科の病院でコロナクラスタを発生させたにもかかわらず病名すら公表せず、責任をとらない病院があります。しかしそのような病院を違法だからといって潰してしまうと、少なくとも短期的にはコロナが治っても元の病院に戻れない人たちがどうなるのか考える必要があります。安易に病院を潰せとも言えない、真綿で首をしめられるような現実があります。

繰り返しになりますが、墓場に居る人は墓場にいたいからいたわけではありません。墓場に追いやられた人であり、墓場にいるしかなかった人です。

マタイによる福音書はイエスの権能を現しました。それは著者の意図としては終末において裁きを行うものとしての権能であり、悪霊を追い出すことにおいて、その権能を先取してみせた描き方をしたいという意図があったでしょう。しかしイエスの権能はそれにとどまりません。神に従ってなされたイエスの権能はむしろ墓場を解放したことではないでしょうか？　墓場に繋がれている人を解放して本来その人が生きるべきところに戻したということではないでしょうか？　マタイによる福音書の意図を示されて現されるイエスのキリストとしての権能はその人が人間として幸福な姿で自分として生きていける場所に戻る手助けをすることだと思うのです。

残念ながら、この世には追いやられ、墓場にしか居場所のない人がまだまだいることをまず覚えたいと思います。イエスはそのような墓場を解放し、破壊し、墓場なんてないと主張し、十字架につけられるまでに、そのことに忠実であったことを覚えたいと思います。どうしたら私たちはこの社会から墓場をとりのぞき、神の国を実現できるのでしょうか？このような答えは、一朝一夕には得られません。しかしそのような理想を私たちが描き、目指すのは、大事なことだと思うのです。イエスに倣う、倣って生きようとするとき、その事実を私たちは無視することなく直視し、これからの理想を作り上げていきたい、そのように願います。

祈ります。すべての命の源である神さま。御名をあがめ賛美いたします。イエスは墓場から、悪霊に取りつかれている人を解放しました。それは病が癒える、悪霊にとりつかれていることがなくなるという以上に、その人が本来生きるべきところで生きていくことができるという、そのような癒しの働きがありました。私たちは多数派の都合で、強いものの都合で墓場を作り出してしまっている、そのような現実を思います。どうか、この世からそのような墓場を打ち壊していくことができるように私たちを支え導いてください。この場を覚えつつ来られない人のために祈ります。その場にあって、あなたの恵みがありますように。心や体に痛みを覚えているかたがありましたら、すみやかに癒しの御手を置いてください。あなたのためにたたかっている、働いているかたがありましたら、どうかそのわざを強めてください。この祈りを、墓場を解放したあなたの子、人を生かす主、キリスト・イエスの御名によって御前にお捧げいたします。アーメン。

（２０２１年10月10日　日本キリスト教団 藤沢ベテル伝道所）

他人は救ったのに自分は救えない（マルコによる福音書15章31〜32節）

教会は今、受難節を迎えております。イースター前の7週間にあたる受難節（レント）はイエスの十字架に向かわれた苦しみについて、いつもにまして考えようという期間です。私たちは毎週日曜日ごとに集まって神を思いイエスを記念しますが、受難節は特にイエスの十字架の出来事に心を向けます。今年（2022年）4月17日にイースターを迎えるまでイエスのご受難の出来事を通してイエスの復活の喜びに備える期間です。それはイエスの死を通して「生きる」とはどういうことかを考えるときでもあります。ときに「死にかた」とは「生きかた」そのものです。

今日の言葉は、十字架のイエスに浴びせられた罵倒のひとつです。罵る人たちといっしょになって祭司長や律法学者からも罵られるのでした。「他人は救ったのに、自分は救えない。メシア、イスラエルの王、今すぐ十字架から降りるがいい」と。ひどい悪口です。死にゆく人に、また自分たちはイエスを十字架につけた側なのにここまで言うか、と思わせる罵倒です。

しかし、ときに悪口には真実が現れることもあります。「他人は救ったのに、自分は救えない」とは、まさにイエスのあり方でした。「他人は救ったのに自分自身を救えない救い主」というのが私たちの救い主、キリスト・イエスです。人間イエスが生涯かけて歩まれたのは「自分は救えないけれど、他者は救う」「他者を救ったからこそ命を捨てることになった」そんな生き方です。

イエスは他人を救いました。その他人は「罪人」というレッテルを貼られた人たちでした。古代社会では「障がいや疾病は神からの罰」とみなされていました。特に古代イスラエル人にとって病ある人は「律法を守れないゆえに天罰がくだっている」と思われていたのでした。病や障がいそのものの苦しみだけではなく、差別され、共同体から排除される苦しみ、生存を脅かされるほどの苦労がありました。イエスが救ったのは不遇の人でした。悪霊からくる病や障がいのある人を癒し、律法を守れず罪人と言われ共同体から阻害されている人たちに神の救いを告げ知らせていたのでした。病や障がいから回復することで共同体へのつながり、人とのつながりも回復したのです。

そのようなイエスの癒しの業には律法との緊張関係が生まれます。病や障害に苦しむ人は律法を守れなかった人たちなのになぜ助けねばならないのか？　と疑問に思う人もいたかもしれません。それ以上に、イエスという人が「律法を軽視している」という風に思われたのでしょう。

マルコによる福音書5章25節以下にはいわゆる「長血の女」の癒しの物語があります。12年間出血が止まらない女性、この女性は本人が悪いわけではないのに出血が止まらないゆえに「汚れたもの」とされていました。汚れたものが他の人に触れたらその人を汚すことになるので触れることはできません。しかし、この女性は「このかたの服にでも触れればいやしていただける」（マルコ5：28）と思い、群衆にまみれたイエスの衣に触れたのでした。イエスは自分に触れた人がいることに気がついて、結果その女性を探します。自分は律法に照らしてとんでもないことをしたという自覚のあるこの女性は、自分が人に触れたことが発覚するのではないかとおびえていました。そんな女性にイエスは「娘よ、あなたの信仰があなたを救った。安心して行きなさい。もうその病気にかからず、元気に暮らしなさい」（マルコ5：34）とその女性の行動を肯定されたのでした。「とんでもないこと」というのは汚れた女性が他の人に触れるのが律法に違反しているからです。このことはこの女性も重々承知していました。しかし、それ以外にこの女性は「汚れたもの」でなくなり、共同体に復帰する方法を思いつけませんでした。それだけの苦しみ、それだけ切羽詰まった思いがこの女性にはありました。イエスは表面的な律法的正しさよりもこの女性の苦境と思いに寄り添い、この女性の大胆な境界線破りを肯定されたのでした。この物語からイエスの律法に対する態度がよくわかるように思います。

もうひとつは、マルコによる福音書3章1節から6節までの短い奇跡物語です。イエスは会堂で手の萎えた人の癒しを行われました。その日は安息日でした。イエスは「安息日に律法で許されているのは、善を行うことか、悪を行うことか。命を救うことか、殺すことか」（マルコ3：4）と人々に問われたのでした。イエスの問いに答えない人たちにイエスは怒りと悲しみを覚えながら「手を伸ばしなさい」と言われると手の萎えた人は癒されたのでした。「ファリサイ派の人々は出て行き、早速、ヘロデ派の人々と一緒に、どのようにしてイエスを殺そうかと相談し始めた」（マルコ3：6）とあります。「安息日には労働をしてはならない」という掟がありましたから、イエスのこの癒しは律法違反ということになります。安息日は絶対に守らねばならないと堅く信じていたファリサイ派の人たちにとって、思想的には合わなかったであろうヘロデ派の人たちと結託してイエスを殺す相談を始めるほど許し難いことであったのでしょう。他方、イエスにとってみれば、手の萎えて苦しんでいる人がいる中で安息日の祝いをすることは、安息日が形骸化してしまい、それによって苦しむ人がいる。そんな中で神の創造を喜び祝うなんてことはできなかったのでしょう。イエスは本当に人間を大事にする優しいかたでありました。

イエスは他人を救ったのに自分は救わなかった、他人を救ったから殺されることになった、そんな不器用な生を生き抜いたかたでした。もしイエスが「自分を救う」ことを望まれるようなかたであったなら、秩序を乱さず、人を助けるようなことをされることはなかったでしょう。ところがそうではありませんでした。「他人は救ったのに、自分を救えない」という生き方をされ、殺されたのでした。

私たちの生もまた、イエスほどの苦しみはなかったとしてもそのような不器用なものではないかと思うのです。他の人のことは手助けすることはできても自分のことは助けられない。また逆に「他人を救う」ことで自分を生かすという面もあるのではないでしょうか？

みなさんは『靴屋のマルチン』という絵本、トルストイの『愛あるところに神あり』というお話をご存じでしょうか。妻と子に先立たれ悲嘆にくれている靴屋のマルチンという人に友だちが聖書を読むように勧めます。マルチンが聖書を読んでいると「マルチンよ、今日私はあなたのところにいきますよ」と神様の声がきこえました。これはどういうことだと思っていると、雪の中靴が壊れて困っている老人、赤ん坊を連れたお母さん、りんごを万引きして捕まった子どもに出会い、親切にします。マルチンは一日を終え、神様はこなかったけれど満たされた気持ちになったのでした。そんな思いの中にあるマルチンに、神が語りかけます。「マルチンよ、今日私はあなたのところに行きました」マルチンがもてなした人たちが神様だったということです。マルチンが悲嘆にくれたまま、自分の殻の中に閉じこもっていたならば神との出会いはなかったのです。自分の救いだけにこだわっていたら、神の恵みにも気がつかない。そのことを「靴屋のマルチン」の物語は教えてくれているのです。

自分だけを助けようとして他者を顧みない生き方、それは生きていることになるでしょうか？　イエスが身をもって示された「神を愛し、人を愛する」ということにふさわしい生き方といえるでしょうか？　昨今、「自己責任」という言葉、「自分のことは自分でする」とよく言われています。それはそのとおりだと思う一方で、そもそも人間はそれほど「自分のことを自分で助けられるもの」なのでしょうか？　自分のことは救えないから神と人に助けてもらう、それがわかっているから自分もできるだけ人を助ける。それでいいと思うのです。そのことが神から私たちに託されている生き方なのではないでしょうか。

私もこれからまた「他人は救ったのに自分は救えないという不器用な生」を生きていきたいと思います。イエスだって自分を救えなかったのです。他人を救ったから、自分は殺されたのです。それでいいのです。私たち誰もが、他人は救っても自分を救うことができない存在だからです。

（２０２２年3月20日　日本キリスト教団 愛川伝道所）

一緒に食事をする（マルコによる福音書14章10〜25節）

10月の第一主日は世界聖餐日として日本キリスト教団では礼拝を守っております。この世界聖餐日というのは、諸説あるらしいですけれども、どうやら1940年に北米のキリスト教会の連盟（Federal Council of Churches）によってはじめられたと言われています。世界が戦争へと向かっているなかで、「全世界のキリスト教会が、それぞれの教会において聖餐式を守り、国境・人種の差別を超え、あらゆるキリスト教信徒がキリストの恩恵において一つであるとの自覚を新たにする日」として提唱されたということです。これは第二次世界大戦後、世界教会協議会、WCCで推奨され、日本キリスト教協議会、NCCを通じて日本の教会に広がったということです。「異なる文化・経済・政治の状況にあってもなお、世界の教会がキリストの体と血を分かち合うことを通し、主にあって一つであることを自覚し、お互いが抱える課題を担い合う決意を新たにする日」だとされています。

また日本キリスト教団ではこの日を世界宣教の日として、世界各地に派遣されている宣教師のことを覚える日でもあります。聖餐というもの、さまざまな意味がございますけれども、共に食事をするという意味合いもあります。同じ食卓につくことができれば、一緒に食事をすることができれば、そこには平和が生まれるということが言えるのではないでしょうか。今、コロナ禍で毎月聖餐式を行うことができておりません。私たちは聖餐を守れないという中で世界聖餐日の礼拝をあえて守るということを致したいと思います。このような事態が数年続いているわけでありますけど、聖餐を守らないからこそ、そのことを考えるということは、この時こそ大事なことではないかと思います。感染症もいつか終わりのときが来ます。その時には改めて聖餐の大切さを思い起こし、また共に食卓につくことを喜び合いたいと思います。

本日の聖書、マルコによる福音書の14章10節から25節、ユダの裏切りから過ぎ越しの食事、そこで行われた最初の主の晩餐について取り上げている一連の記事を読んでいきたいと思います。10節、11節でユダの裏切りが紹介されます。マルコによる福音書にはユダがなぜ裏切ったのかということについては書いてありません。マルコによる福音書においては十字架の死はある面で必然であったからこそ、ユダがなぜ裏切ったのかということには、あまり関心がなかったのかもしれません。10節の「祭司長たちのところへ出かけて行った」という言葉ですけれども、離れていくという翻訳もできます。ユダがイエスから離れて、祭司長たちの方についた。エルサレムの権力者の側についたということをこの言葉で示そうとしています。12節から21節は過ぎ越しの食事の準備と、食事の席におけるユダの裏切りの予告について書かれています。除酵祭の第一日、すなわち過越の小羊を屠る日、弟子たちがイエスに、「過越の食事をなさるのに、どこへ行って用意いたしましょうか」と聴きました。そうするとイエスは二人の弟子を使いに出されて、「都へ行きなさい。すると、水がめを運んでいる男に出会う。その人について行きなさい。その人が入って行く家の主人にはこう言いなさい。『先生が、「弟子たちと一緒に過越の食事をするわたしの部屋はどこか」と言っています。そのように聴きなさいというわけです。「すると、席が整って用意のできた二階の広間を見せてくれるから、そこにわたしたちのために準備をしておきなさい」と、言われます。

弟子たちは出かけて都に行ってみると、そのとおりになっていて、過越の食事を準備したということが書かれています。13節に「水がめを運んでいる男」に出会うという言葉がでてきます。どうやら水がめを持って水を運ぶという仕事は、当時は女性の仕事だったので、水瓶を運んでいる男という、男の人がいたら大変めずらしかったというわけです。だからその人が目印になりますよということだったのでしょう。このように、もしかしたら具体的にこの人ですというふうに言われていたのですからイエスは事前に根回しをして町の人に交渉をしていたのかもしれません。そのような合理的な説明もできますけど、イエスの不思議さというものをこの記事から感じることもできます。そのように過ぎ越しの食事の準備ができました。夕方になると、イエスは十二人と一緒にそこへ行かれ、食事をされます。食事をしているときにイエスは言われました。「はっきり言っておくが、あなたがたのうちの一人で、わたしと一緒に食事をしている者が、わたしを裏切ろうとしている。」弟子たちは心を痛めて動揺します。

「まさかわたしのことでは」と口々に言い始めました。弟子たちは自分たちの中で誰が具体的に裏切るのかということを知らないでいます。その中でイエスは言われました。「十二人のうちの一人で、わたしと一緒に鉢に食べ物を浸している者がそれだ。」この言葉、裏切り者はだれかということを示しているだけではなく、同じ鉢を用いて食事を共にしている最も親しい人が裏切る。そのような意味です。最も親しいものがイエスを裏切るということです。そのうえで、「人の子は、聖書に書いてあるとおりに、去って行く。だが、人の子を裏切るその者は不幸だ。生まれなかった方が、その者のためによかった」ということばが続きます。続きますけれども、この言葉自体、翻訳の言葉自体も大変辛辣なものでありますけども、この「人の子を裏切るその者は不幸だ」という言葉は「その者に災いあれ」という呪いの言葉でもあります。裏切るということ、イエスにとっても大変心の、裏切られるということはイエスにとっても大変心が痛いことだったのでしょう。暗に、イスカリオテのユダが裏切ることを、そしてユダに対して「お前のしていることはそれほどのことなのだ」ということを伝えんがための呪いの言葉であったに違いありません。

22節から24節までは聖餐式制定の言葉であります。この言葉、パウロ書簡のコリントの信徒への手紙一 11章23節から25節にほぼ同じ言葉があります。その11章23節から25節は「わたしがあなたがたに伝えたことは、わたし自身、主から受けたものです。すなわち、主イエスは、引き渡される夜、パンを取り、感謝の祈りをささげてそれを裂き、『これは、あなたがたのためのわたしの体である。わたしの記念としてこのように行いなさい』と言われました。また、食事の後で、杯も同じようにして、『この杯は、わたしの血によって立てられる新しい契約である。飲む度に、わたしの記念としてこのように行いなさい』と言われました。」とあります。最初期のキリスト教の中ではほぼこの形で聖餐式の言葉としてすでに行われていたのではないかというふうに言われています。ただパウロの第一コリントの言葉には「私の体」の前には「あなたがたのための」という言葉がついているわけですけど、マルコによる福音書のこの部分には単に「これはわたしの体である」、あの22節ですね。「取りなさい。これはわたしの体である」と、単にわたしの体というふうになっています。もしかしたら、マルコ版のようにイエスは単に過ぎ越しの食事の際に「わたしの体」、「わたしの血」というふうにいわれたのかもしれません。食事の際に、この最後の食事のときに、この食事を思い出す度に私の死にゆく、私のからだ。私の死を思い起こしてほしいということを言ったのかもしれません。25節「はっきり言っておく。神の国で新たに飲むその日まで、ぶどうの実から作ったものを飲むことはもう決してあるまい」と言われ、この部分が終わります。すべたが新しく完成したときに神の国でそれを飲むようにできるまでぶどうからできたものは飲まない、ぶどう酒は飲まないということをいわれます。神の国の希望の確かさを感じさせる言葉であります。

ユダの裏切りの記事、そして裏切りの告発の記事は、このように最後の晩餐の記事の中に内包されているということは大変興味深いことだと思います。裏切りが告発され、呪いの言葉まで聞かされることになったユダも、最後の晩餐の席に着いています。この席から追い出されたとは書いていません。「わたしの体」、「わたしの血」と言われた最初のパン割きの場面にもきっとイスカリオテのユダはいたのでしょう。呪いの言葉を聞かされることになったユダも、既に赦されているということではないでしょうか。聖餐とは何かということを考えさせられる記事であります。イエスを死に渡すことになった一番の張本人もついている食卓が最後の晩餐であり、最初の聖餐でありました。そうであれば、もうその食卓にはだれもが招かれている食卓ではないか、聖餐というのはだれもが招かれるべき食卓であるということは言えるのではないかと思います。既にだれもが赦されている食卓でもあるとも言えます。

また、明日自分を殺すことになる人間にも愛を示すことができるかということをイエスの弟子は求められているということも言えます。聖餐を守れない中の世界聖餐日の礼拝です。食卓というものの意味、聖餐ということの意味を改めて考えてみたいと思います。

お祈りいたします。

すべての命の源である神様。御名をあがめ、賛美いたします。イエスの生涯最後の食事、過ぎ越しの日の晩餐、そして最初の聖餐の記事を読みました。イエスの死の一番の元凶となってしまったユダの裏切り、それをイエスは知っていたのにも関わらずイスカリオテのユダと親しく食事をしていたのでした。私たちはそのことから何を学ぶべきでしょうか。ユダが赦されているということはすべての人は赦されているということであります。すべての人はゆるされていることを私たちは受け入れがたいと思いながらもあなたの赦しに感謝して与りたいと思います。どうか、すべての人と共に食事を分かち合う平和を私たちにお与えください。

戦火の絶えない世界に、あなたの平和を与えてください。一日も早く実現させてくださ い。ロシアのウクライナ侵攻、また新たな局面が出ております。多くの人が徴兵され、また核兵器しようも辞さないということばもでてきました。これら一連のことは本当に愚かなことです。どうか、神さま、為政者の横暴をその人に気が付かせてください。戦争が愚かなことであるということを悟らせてください。この場を覚えつつ来られない人たちのために祈ります。その場にあってあなたの恵みが豊かにありますように。心や体に痛みを負っている方がありましたら、速やかにその痛みを取り去ってください。

あなたのために働いている、たたかっている方がありましたら、どうかそのわざを強めてください。この教会があなたのみわざにふさわしいところとなりますように、どうか用いてください。この祈りをあなたにあって赦しのわざを行われたあなたの子、キリスト・イエスのみ名によって、み前にお捧げいたします。アーメン。

（２０２２年10月2日　日本キリスト教団 愛川伝道所）

信じ、かつ疑う者に（マタイによる福音書28章16～20節）

本日の聖書はマタイによる福音書28章16節から。復活されたイエスがガリラヤの山で弟子たちと出会ってくださり、宣教のみわざを世界中に現すことを命じた箇所です。

天使たちの言葉と女性たちを通して復活されたイエスから命令を与えられた弟子たちはガリラヤの山に行き復活のイエスに出会うことになります。11人の弟子たちはガリラヤに行きイエスが指示しておられた山に登ったとあります。この山がどこの山かは特定されていません。ただ、山というのは神との出会いの場です。日常から離れた啓示の場であり、神との出会いの場です。山に登った弟子たちはイエスに会いに、ひれ伏しました。しかし疑う者もいたと聖書にあります。この箇所は「そして弟子たちはイエスをみてひれ伏した。しかし弟子たちは疑った」と直訳できます。弟子全員がひれ伏して全員が疑った、とも読めるところです。そのように疑いつつもひれ伏す弟子たちにイエスは近寄って来て言われました。「わたしは天と地の一切の権能を授かっている。だから、あなたがたは行って、すべての民をわたしの弟子にしなさい。彼らに父と子と聖霊の名によって洗礼を授け、あなたがたに命じておいたことをすべて守るように教えなさい。わたしは世の終わりまで、いつもあなたがたと共にいる」と。「あなたがたに命じておいたことを全て守るように教えなさい」とは、イエスの教えを弟子たちが述べ伝えることによってキリストが人々に知らされるということです。

いつもあなたがたと共にいるという、イエスの約束はマタイによる福音書の初めにイエスの誕生を天使から予告されている1章の23節に出てくる言葉と重なります。「見よ、おとめが身ごもって男の子を産む。その名はインマヌエルと呼ばれる。この名は、『神は我々と共におられる』という意味である」、そんな言葉です。そのような意味で、マタイによる福音書はインマヌエルで始まり、インマヌエルで終わる福音書と言えそうです。あなたがたと共にいるというイエスの約束は、マタイによる福音書全体を貫いています。

イエスが「あなたがたと共にいる」と約束してくださった「あなたがた」とは誰のことでしょうか？　言うまでもなくその場にいた11人の弟子たちのことです。先ほど申し上げたとおり17節に「そして、イエスに会い、ひれ伏した。しかし、疑う者もいた」と、これは「そして弟子たちはイエスを見てひれ伏した、しかし弟子たちは疑った」とも訳せるとお伝えしました。「その場にいる全員が信じて、その場にいた全員が疑った」とも読めます。癒しと共食の宣教を行い、十字架につけられて殺され三日目に神によって起こされる、その一連のイエスのご生涯すべてと言っていいほどのことを弟子たちは間近で見ているのにもかかわらず疑うのでした。その疑う弟子たちにイエスは「あなたがたと共にいる」と呼びかけておられるのです。また、他の福音書と比較するとマタイによる福音書にはイエスの昇天の記事がありません。かつて「二人または三人がわたしの名によって集まるところには、わたしもその中にいるのである」とイエスは言われました。マタイによる福音書の18章20節の言葉です。そのようにかつて言われたように復活され死から起こされたイエスは、イエスを信じてひれ伏し、かつ疑う弟子たちと共にいるのです。

人間である以上、信じてはいても疑ってしまうのが自然な姿であり、疑わずに信じきっているという信仰は、実はあり得ないと思うのです。そして、ひれ伏すほどに信じているけれど疑う、そんな信仰に大いなる恵みがあるのではないでしょうか。神は敢えてそのように疑いつつ信じる、信じかつ疑う、そんな人間に宣教のわざを委ねられたと思うのです。今日も信じかつ疑うものたちの中にイエスはいるのです。

祈ります。すべての命の源である神さま、御名をあがめて賛美します。今こうしてマタイによる福音書から聴き、信じながらも疑う弟子たちに「あなたがたと共にいる」とイエスが仰られたとおり、私たちにもまた、信じながらも疑う、疑いながらも信じる信仰を示してくださいました。ありがとうございます。これからも疑いながら信じ、信じながら疑い、ながらも神と人とに、そして教会に仕えていくことができるように導いてください。

この教会を覚えつつ来られない人たちのために祈ります。その場にあってあなたの恵みが豊かにありますように。心や体に痛みを負っているかたがありましたらすみやかに癒しの御手を置いてください。あなたのために働いている、たたかっている人がいましたら、どうかその腕を強めてください。この教会がより一層あなたの栄光を現すにふさわしい場所へとつくりかえられていきますように。すべての人を愛し、すべての人に仕える教会となっていくことができますように支え導いてください。この祈りを、死んで起こされた私たちの救い主キリスト・イエスの御名によって御前におささげいたします。アーメン。

（２０２３年５月21日　日本キリスト教団 愛川伝道所）

神の大宴会（ルカによる福音書14章15～24節）

本日の聖書はルカによる福音書14章15節からです。イエスが招待を受け食事の席についていたときにひとつのたとえを語られたところから共に読み、神の国について神の招きについて考えたいと思います。

食事を共にしていた客のひとりが、イエスに「神の国で食事をする人は、なんと幸いなことでしょう」と言いました。その言葉をきいて、イエスは言われました。「ある人が盛大な宴会を催そうとして、大勢の人を招き、宴会の時刻になったので、僕を送り、招いておいた人々に、『もう用意ができましたから、おいでください』と言わせ」ました。ところが、招かれた人は次々と断っていきます。最初の人は「畑を買ったので、見に行かねばなりません」と言い、もうひとりの人は「牛を二頭ずつ五組買ったので、それを調べに行くところです。勘弁してください」と言いました。また別の人は「妻を迎えたばかりなので行くことができません」と言いました。畑を買ったり牛を二頭ずつ買える人はおそらくこの時代でもお金持ちの財産家であったと言わざるを得ません。そんな人たちがこの大宴会を催そうとした人の招きを断るのです。

僕が帰ってこのことを主人に伝えました。主人は怒って言いました。「急いで町の広場や路地へ出て行き、貧しい人、体の不自由な人、目の見えない人、足の不自由な人をここに連れて来なさい」と。貧しい人、体の不自由な人、目の見えない人、足の不自由な人というのは社会からつまはじきにされている人たちです。特に、目の見えない人、足が不自由な人は、神殿には入ってはいけない決まりになっていました。サムエル記下の5章8節にこんな言葉があります、「そのとき、ダビデは言った。『エブス人を討とうとする者は皆、水くみのトンネルを通って町に入り、ダビデの命を憎むという足の不自由な者、目の見えない者を討て』このために、目や足の不自由な者は神殿に入ってはならない、と言われるようになった」目の見えない人、足の不自由な者が、神殿に入ってはならなくなった謂れです。そのような人たちを連れて来いと命じられて僕は「仰せのとおりにいたしましたが、まだ席があります」と言いました。主人は「通りや小道に出て行き、無理にでも人々を連れて来て、この家をいっぱいにしてくれ。言っておくが、あの招かれた人たちの中で、わたしの食事を味わう者は一人もいない」と言いました。
社会から疎外された人たちを招いてもまだまだ席がある。通りや小道に出て行き、手当たり次第連れてきなさいと命じます。ちなみに「通りや小道」の「小道」とある言葉は「垣根」というふうにも訳せます。家の垣根のあたりには浮浪者や物乞いをしなければならない人たちが、たむろしているからそれを連れてこいということかもしれません。社会的地位や身分、地縁血縁を問わず、そんなこと関係なく招かれるということがこのたとえに書かれています。地縁血縁を問わないということは、ユダヤ人だけではなく、異邦人も救われるということも意味しているのかもしれません。

この主人は最後に「わたしの食事を味わう者は一人もいない」と言いますが、正確には「わたしの食事を味わう者は一人もいないだろう」という、未来形の形で書かれています。このときは、招きのときはまだ来ていない。まだ食事の席が整っているわけではない。これから起こることなのだ。これから起こることなのであって、それまでに悔い改めて神の招きに応えて、神の祝宴に参加できるようにすることが大切だという警告が込められているようです。

終末における神の救いを、神の国の宴会にたとえるのは、旧約聖書以来の伝統です。イザヤ書25章6節にこんな言葉があります。「万軍の主はこの山で祝宴を開きすべての民に良い肉と古い酒を供される。それは脂肪に富む良い肉とえり抜きの酒」。このたとえは、この世で苦労している人を含めて、あらゆる人が、神の国の招きを受けていること、しかし、すべての人がこの招きに素直に応えるわけではないということを表わしています。この世の富、また家族との絆によって神の国への招きを拒んではならないという警告も含んでいます。神は貧しい人も含めてあらゆる人を招きました。そして、決して財産がある人を招かなかったわけではありません。招きに応えず招待を断り、自分の都合を優先させたのは財産のあるその人です。神の招きよりも畑を買ったこと牛を10頭も買ったこと、また妻を迎えたことが気になって神の食事の席を拒んだのでした。その人も本来は招かれているはずなのに招きに応えなかったばかりに、招かれざる者にされてしまいます。救いに与るということは、そういうことではないかと思うのです。

神は、すべての人を選び招いておられます。しかし、その救いを受け入れなければやはり救いを体験することはできません。救いを生きることにもなりません。救いというものは、神からの招きを受け入れることから始まります。神からの招き受け入れるか、受け入れないかは、残念ながらその人に委ねられています。それでも神は「無理にでも人々を連れてきて、この家をいっぱいにしてくれと」言ってくださるかたでもあります。本当は無理にでも人を救いたいと神は願っておられるのです。誰もが招かれている。計り知れない恵みを味わい、救いに招かれるその手を拒まないようにしたい。あくまで神が救いたいと、人を救いたいと願ってくださっていることを、覚えたいと思います。

お祈りいたします。

すべての命の源である神さま、御名を崇めて賛美いたします。神はすべての人を救いに招きたいと願っておられる、そのように信じたいと思います。しかし、その救いを受け入れる人は残念ながら、すべての人ではないのです。人は自分の力で自らの窮状をどうにかしたいと考えてしまうようです。それは持っているものが多いほど神からの救いを遠ざけてしまう、自分の力でどうにかしようとしてしまうことをこの聖書は教えています。どうか、私たちが神の御手を拒むことがないようにさせてください。神の救いを素直に喜び、素直に受け入れるものとならせてください。また、すべての人が招かれていることに気づき、神の救いを受け入れられるようにしてください。信じないものが、信じるようになるのだとしたら、それはあなたしかできるかたがおりません。どうかすべてのものを救ってください。

今日は、花の日でありました。約150年前、アメリカのメソジスト教会で祝われるようになったこの祭りは、プロテスタント教会の教会歴の中に組み入れられ多くの人がこの日を喜び祝うようになりました。アメリカでは初夏を迎える前の花が咲き始める、そんな時期であります。日本では今はアジサイの花が咲き乱れるように、喜び咲いているような季節であります。花を喜び、また社会のために、地域のために奉仕をしてくださるかたを本当は訪問し、感謝とねぎらいを伝える日であります。また、子どもたちの成長を喜ぶ日でもあります。この社会の中で奉仕をしてくださっているかたがあるからこそ、私たちは日曜日に礼拝をすることができます。そのことを忘れないようにさせてください。この地域に住む子どもたちのために祈ります。あなたにあって健やかに成長していくことができますように。命と人権、安全が守られるようにあなたがお守りください。

戦火の絶えない世界にあって、あなたのまなざしがどのようなものであるかを考えます。どうか戦火の絶えない世界にあなたの平和が一日も早く実現するように導いてください。戦争が何よりも愚かなことのひとつだと悟らせてください。この場を覚えつつ来られない人のために祈ります。その場にあって、あなたの恵みが豊かにありますように。心や体に痛みを覚えている人がありましたら、すみやかに癒しの御手を置いてください。あなたのために働いている、たたかっているかたがありましたらどうかそのわざを強めてください。この教会が本当の意味であなたの栄光をあらわすのによりふさわしいところへと造り変えられていくことができますように、すべての人を受け入れすべての人に奉仕する、そのような教会となっていくことができますように支え導いてください。この祈りをすべての人を招く神の御子、私たちの友キリスト・イエスの御名によってお祈りいたします。

アーメン。

（2023年6月11日　日本キリスト教団 愛川伝道所）

示した愛の大きさ（ルカによる福音書7章36〜50節）

本日の聖書はルカによる福音書7章36節から、一人の罪ある女性がイエスに近づき、涙で足を洗い、髪の毛で拭き、香油を塗ったというその物語から罪の赦しについて考えます。

物語はあるファリサイ派の人が一緒に食事をしてほしいと願ったので、イエスがその家に入って食事の席につかれたところから始まります。ルカによる福音書はイエスに好意的に近づくファリサイ派の人がいたと伝えています。ルカによる福音書では他にも13章31節に「ヘロデがあなたのことを殺そうとしているから逃げてください」と言ってくれるファリサイ派の人がいたと伝えております。また14章1節にも安息日の日に食事の席を設け、イエスを招いたファリサイ派の人がいたと伝えています。そのような好意的なファリサイ派の人に誘われてイエスが食事の席についたところから物語ははじまります。

「この町に一人の罪深い女がいた」と紹介されています。新共同訳では町のなかに罪深い女の人がいましたよ、という翻訳です。興味深いことに、ここの「罪」という言葉はギリシャ語では「町」にかかっています。訳しにくいのですが、日本語では「町で罪を犯した女性がおりました」とでもなるでしょうか。この表現は娼婦、売買春をせざるをえない女性のことを指すのではないかと言われています。罪が町にかかるというのは、日本語にはない感覚なので面白いのですけど、そのような女性がいて、イエスがファリサイ派の人のうちで食事の席についておられるのを聞いたこの女性が香油の入った石膏の壺を持ってきて、イエスの後ろから近づいて、足元でですね、泣きながらその足を涙で濡らし、自分の髪の毛で拭って、イエスの足に接吻して香油を塗った、とあります。呼ばれていないお客様がやってくるというのは、なかなか現代日本人には承服しがたいというか、なんでこんなことをするのだろうと思ってしまいがちです。どうも中近東のこの時代では、お客さんのいる家に他人が勝手に入ってくるというのは比較的あることで、パーティーがあるんだったらその席に近所の人がやってくるというのは、ままあったそうです。それにしてもこの女性の行動は大変衝撃的だったでしょう。

イエスの足に接吻して香油を塗るのはその人に対する尊敬のしるしし、感謝のしるしであり、涙で足を濡らして洗うのは痛悔または、愛の溢れる心の表れではないかと読む人の心を打つものであったでしょう。しかしこのような意外な行動をとられた、イエスを招いたファリサイ派の人は、見て驚きます。「この人がもし預言者なら、自分に触れている女がだれで、どんな人か分かるはずだ。罪深い女なのに」そのように思ったと書いてあります。預言者ならば自分が罪人に触れられるような真似はしないだろうし、また預言者ならこの人を罪人だと見抜くだろうとこのファリサイ派の人は考えたわけです。

そんなファリサイ派の人にイエスは言います。「シモン、あなたに言いたいことがある」と唐突に名前が出てきます。ファリサイ派の人はシモンという名前だったと分かります。どうもシモンと言われるとイエスの一番弟子、シモンペトロのことを、頭に思い浮かべてしまいます。当時シモンはよくある名前のひとつであったようです。ファリサイ派の人もたまたま同じ名前だったわけです。最初読んだときは、なんでイエスはペトロに話しかけるような真似をしたのかと思いました。これは誤読ですね。注解書を読んでようやくシモンはファリサイ派の人の名前だと気が付きました。

ファリサイ派の人は「先生、おっしゃってください」とイエスの話に耳を傾けます。イエスはひとつのたとえ話をします。「ある金貸しから、二人の人が金を借りていた。一人は500デナリオン、もう一人は50デナリオンである。二人には返す金がなかったので、金貸しは両方の借金を帳消しにしてやった。二人のうち、どちらが多くその金貸しを愛するだろうか」律法学者シモンは「帳消しにしてもらった額の多い方だと思います」と常識的な答えを返しました。イエスも「そのとおりだ」と言われました。

「デナリオン」聖書のなかに本当によく出てくるお金の単位なのでよくご存じだと思いますが、1デナリオンは当時の日給くらいの金額だったろうと言われます。50デナリオンだと、単純計算で日給1万円なら50万円、5千円なら25万円です。500デナリオンはその10倍ですから、どちらのお金も庶民にとっては莫大な金額と言えるでしょう。500万円帳消しにしてもらった人、50万円帳消しにしてもらった人、どちらの方がより金貸しに対して愛情を感じるでしょうか、と聞かれたら「帳消しにしてもらった額の多い方だと思います」と答えるのは常識的な回答だったでしょう。そのように答えたのち、さらにファリサイ派シモンにイエスは言われたのでした。この女性のほうを見て「この人を見ないか。わたしがあなたの家に入ったとき、あなたは足を洗う水もくれなかったが、この人は涙でわたしの足をぬらし、髪の毛でぬぐってくれた。あなたはわたしに接吻の挨拶もしなかったが、この人はわたしが入って来てから、わたしの足に接吻してやまなかった。あなたは頭にオリーブ油を塗ってくれなかったが、この人は足に香油を塗ってくれた。だから、言っておく。この人が多くの罪を赦されたことは、わたしに示した愛の大きさで分かる。赦されることの少ない者は、愛することも少ない」と言われました。

ファリサイ派シモンと罪の女の態度をここで対比させています。シモンが招待して、イエスを招いて席につかせたことも間違いではありませんが、ここの罪の女の態度のほうがより愛があったと示しています。シモンの態度にも問題はありませんが、愛の大きさを比べられてしまいました。「愛することの少ないものは、赦されることもすくない」というパリサイ派シモンへの警告の言葉となりました。礼儀は守るけど、愛を惜しむのはふさわしくない、とイエスに言われてしまう訳です。この席でイエスはこの女性に「あなたの罪は赦された」と言われました。同席していた人たちは、それを聞いて「罪まで赦すこの人は、いったい何者だろう」と考え始めました。イエスはさらに女性に「あなたの信仰があなたを救った。安心して行きなさい」と言われて、この物語は終わります。この話は直前にある7章34節と35節、「人の子が来て、飲み食いすると、『見ろ、大食漢で大酒飲みだ。徴税人や罪人の仲間だ』と言う。しかし、知恵の正しさは、それに従うすべての人によって証明される」の具体例として書かれています。

イエスという人は罪人の友であります。また、罪人から選ばれ奉仕を受ける方です。その奉仕を心から喜んでくださる人がイエスです。ルカによる福音書の著者はイエスに仕える愛の理想をこのような物語で示しました。ものすごい量の涙を流さなければ足を洗うことはできません。その中身は想像するしかありませんがそれほど痛切な思いを抱えてどうしてもイエスに奉仕をしたいと、この女性はイエスのところに来ました。食事のために寝そべるイエスに近づき、涙で足を洗い、髪で拭うような、そんな愛は理想の愛だとルカによる福音書の著者は語ります。究極的には人間に仕える愛は神の愛であると伝えているのではないでしょうか。女性がこのようにへりくだる話は、現代人にとって「それでいいのか」と思ってしまう違和感がないと言うとウソになりますが、ある種の美しさを伴うかたちで理想の愛を描こうとした著者の動機が感じられる話ではないでしょうか。

この罪の女が先ほど申し上げたとおり娼婦だとして、罪の赦しが宣言されたとしても、あるいは宣言なしに元々罪が赦されていたとしても、娼婦をやめるのはきっと難しいことでしょう。最初からやらずにすむなら、そのほうがいい仕事のひとつです。それでもやらざるを得ないのがこのような底辺の仕事だと思うわけです。必要がなければしない。ただ生きていくためにせざるを得ない。そんな仕事にこの女性はついていたでしょう。「罪が赦される」と聞くと罪となっている状況から脱却して、以降人生がかわると人間は考えてしまいます。またそうなるならそのほうがいいと思うのが人情でしょう。けれど、ここでいう罪が赦されるというのは、罪とされている状況から脱却することを必ずしも含まないのかもしれません。状況を変えるのは難しいことです。それよりも大切なのは愛することだと語られているのではないでしょうか。どのような罪を抱えたとしても罪を抱えながら生きなければならなかったとしても、どのような状況であれ、愛することはできるはずです。愛を実行すべきだと伝えていると思うのです。

一定の罪や悪を責めたくなることも私たちにはあるでしょう。でもその人が愛を持っているか、自分が愛する主体となれているか、そのことが何よりも大事ではないか、とこの物語は伝えているのではないでしょうか。自分たちが何者であれ、愛することは何よりも必要だと、この物語から受け取りたいと思います。

お祈りいたします。すべての命の源である神さま、御名を崇め賛美いたします。一人の罪深い女性が、イエスのもとに来て、涙で足をぬぐい、足に接吻し、香油の入った石膏の壺を割ってイエスの足に塗ったのでした。イエスもその愛を受け取ってくださったのでした。この物語は、どの様なものであれ、愛することができるなら、その罪は赦されているし、罪の中にあっても、人は他者に愛し、仕えることができると伝えているのではないでしょうか。罪を数えることよりも、愛のわざを数え、全うすることができるように、私たちを導いてください。

戦火の絶えない世界の中にあって、あなたの平和が一日も早く実現するように、この世界を導いてください。本当に、戦争の知らせを聞くたびに心が痛むものであります。何もできないということを、本当に悔い入り、責めるものであります。私たちにできることがありましたら、どうかそのできることを教えてください。あなたの平和のうちに、歩み、その平和に忠実なものであるようにさせてください。

この場をおぼえつつ来られない人たちのために祈ります。あなたにあって、そのところで豊かに祝福が与えられますように。心や体に痛みを負っているかたがありましたら、すみやかに癒しの御手をおいてください。あなたのために、働いているたたかっているかたがありましたら、どうかそのわざを強めてください。この教会がより一層あなたの愛に仕え、あなたの栄光を証しするところへと、よりつくりかえられていくことができますように。すべての人に奉仕し、すべての人を愛する教会となっていくことができますように、支え導いてください。この祈りを、愛を受け、愛を示してくださったあなたの子、キリスト・

イエスの御名によって御前にお捧げいたします。アーメン。

（2023年7月16日　日本キリスト教団 愛川伝道所）

女性たちの献身（ルカによる福音書8章1～3節）

本日の聖書はルカによる福音書8章1節から3節とごく短いのですが、イエスに仕えた女性たちの名前が挙げられている大変興味深い箇所です。「イエスは神の国を宣べ伝え、その福音を告げ知らせながら、町や村を巡って旅を続けられた。十二人も一緒だった」と、十二人の弟子と共に、福音を告げ知らせる旅をつづけられたところから始まります。次いで女性たちの名前が紹介されます。「悪霊を追い出して病気をいやしていただいた何人かの婦人たち、すなわち、七つの悪霊を追い出していただいたマグダラの女と呼ばれるマリア、ヘロデの家令クザの妻ヨハナ、それにスサンナ、そのほか多くの婦人たちも一緒であった」と紹介されております。「彼女たちは、自分の持ち物を出し合って、一行に奉仕していた」と書かれています。

マグダラのマリア、大変有名なイエスの弟子でありますけど、その頭から七つの悪霊を追い出していただいたと紹介されています。七つというと、大変多い、また甚だしいという感じを受けます。人物の背景を感じさせる言葉で、七つの悪霊に取りつかれるだけの大物だったとも取れそうな言葉です。ちなみに、マグダラというのは地名です。ガリラヤ湖西岸の漁港の町と言われてています。マグダラのマリアは、受難の記事において最初に名前が出てくる人物です。マルコによる福音書においては15章47節、16章1節、ルカによる福音書では24章1節、ヨハネによる福音書では20章1節のそれぞれ筆頭です。

その次に紹介されているのは「ヘロデの家令クザの妻ヨハナ」です。ヘロデというのは、ヘロデ・アンティパスのことでしょう、家令というのは財産の管理人で、ヘロデの家令ですから支配階級だったと思われます。このヨハナという名前、ルカによる福音書24章10節にもヨハナとでてきて同一人物と言われています。ちなみにヨハネという男性の名前の女性形がヨハナです。もう一人、スサンナという人がでてきます。この人は、他のところに名前が出てきません。ちなみにヘブライ語でバラを意味する名前だそうです。

「自分の持ち物を出し合って」とはどういうことでしょうか？ 食料などをその都度持ち寄って、イエスたちの世話をしたという意味かもしれませんし、使徒言行録4章37節に出てくるバルナバのように、自分の資産を寄付したという意味かもしれません。日用のものだったのか、大きなお金だったのか。どれぐらいのものを、どれぐらい捧げたのか解釈には幅があります。本当に日用の食べ物を差し出したのかもしれないし、財産を売って差し出したのかもしれない。そんなことを思わせる箇所です。

墓に埋葬したイエスを訪ねるところで再びこの女性たちの名前が出てきます。男性弟子はイエスを裏切って逃げてしまいましたが、女性たちは最後までイエスの死を見届けるのでした。そんな女性たちの名前がルカによる福音書の中盤でこのように紹介されています。七つの悪霊に取りつかれた女性、病人だった女性、悪霊がかつて巣くっていた女性、そのような人たちをイエスは敢えて神の国に選ぶのだということがよく示されている箇所です。

「一行に奉仕していた」という表現があります。「奉仕していた」に相当するのは「仕えた」という意味のギリシャ語です。時代によって食事を世話することから、説教する、聖餐式を司式をするなど「仕える」という言葉にはかなり幅の広い意味がありました。マルコによる福音書の15章41節やマタイによる福音書の27章55節でもこの「仕えた」という言葉が出てきます。ここでは女性たちはイエスだけに仕えている、と読めます。ここでの仕えるはすなわち「弟子になる」ということですが、対してルカによる福音書8章3節では、イエスと弟子たちに仕えているという書きかたをしています。ルカによる福音書においては、女性たちの役割は主体的ではなく従属的であることには注意が必要で、あえてそのように書いたふしがあります。

歴史的なことに興味を移すと、いくつか疑問が浮かんできます。この女性たちはイエスと一緒に旅をしていたのでしょうか。そうだったとしたら、どのように旅をしていたのでしょうか。それとも、家からイエスの元に通っていたのでしょうか。女性と男性が、一緒に旅をするのはスキャンダラスというか、ふしだらと評価されることだったに違いありません。とんでもないと評価される行いだったとしたら、それを容認する記事だったり逆にそれを非難する言葉が出てきたり、聖書のどこかにそんな言葉があるはずですが、そのような言葉は存在しないようです。実際のところ、この女性たちがイエスにどのように関わったのかは想像するしかありません。でも一方で先ほど申し上げた通り、エルサレムの十字架につくまでこの女性たちはイエスに従っていたと、ルカによる福音書だけでなくマルコによる福音書も証言しています。そう考えるとやはり、日帰りではなくイエスに付き従っていたのかもしれません。

私はやはりここに出てくるマグダラのマリアに興味を惹かれます。この人がイエス復活の第一証人であったと四つの福音書が書き残しています。マタイによる福音書28章1節、マルコによる福音書16章1節、ルカによる福音書24章10節、ヨハネによる福音書20章1節に、それぞれマグダラのマリアが紹介されています。三つの福音書が揃うというのは当然といえば当然なわけです。マルコによる福音書を下敷きにしているのがマタイによる福音書とルカによる福音書です。マタイによる福音書の記者や、ルカによる福音書の記者があえてマルコによる福音書の趣旨を取り除かないかぎり、同じ記事が出てくるのは当然でしょう。しかし、物語がだいぶ違うにしてもヨハネによる福音書にまで同じ名前が出てくるのは大変興味深いと思います。

マグダラのマリアは七つの悪霊に取りつかれていたことから、いつからか娼婦の精神病を癒してもらいイエスに従ったと、語られるようになりました。西洋絵画ではマグダラのマリアの肖像を大変色っぽいといいますか、女性らしい姿で描きます。すべての病は悪霊の仕業であったと信じられていた社会で悪霊の仕業は現在精神病と呼ばれるものにかぎりません。「七つの悪霊」を精神病とする根拠は実はないのかもしれません。また、娼婦とするのもどこに根拠があるのでしょう。直前にある先週読んだ7章36節からの物語にも女性が登場します。「町」と「罪」と「女性」が出てきたら娼婦だというのは先週申し上げた通りですが、解釈史にはこの女性とマグダラのマリアを同一視する読み方もあって、マグダラのマリアが娼婦あがりの女性とされた面があります。

このマグダラのマリアについて、ヨハネによる福音書の「主に愛された弟子」は実はマグダラのマリアを描きたかったのではないか、実はヨハネによる福音書の著者はマグダラのマリアだった、という大胆な仮説を唱える人もいます。イエス復活の第一証人がイエス亡き後のイエスの弟子たちを纏める一角だったと言う人もいます。実は卓越した指導者だった、そんな想像をする人もいます。古代の人物にありがちですが、同一人物だったのか、実はよくわかりません。それでも四つの福音書が共にマグダラのマリアを復活の第一証人として名指ししているのは興味深いことです。イエスにとって特別な弟子だったのではないか、と言えるでしょう。

弟子集団は当初、男性も女性もかかわりなくイエスの弟子を目指していたように思います。ガラテヤの信徒への手紙3章28節には「そこではもはや、ユダヤ人もギリシア人もなく、奴隷も自由な身分の者もなく、男も女もありません。あなたがたは皆、キリスト・イエスにおいて一つだからです」という言葉があります。これは、パウロの言葉というよりも洗礼定式（洗礼を受けるときに読み上げられた式文）です。

目指すべき共同体のかたち、また自分たちはこのような集団だということを端的に表す言葉であったのか、男も女もないと語られています。包含的で、主にあっては、神にあっては、男も女もない共同体であったイエスの弟子たちの集団は時代の変遷と共に、男女の役割分担をしていく、この世の常識に逆戻りする傾向があったのでは、と想像します。ルカによる福音書においても残念ながらそのような傾向があったように思えます。

今日の聖書を読んでみて思ったのは、女性がケアや奉仕を提供する側という位置に固定されがちなのは、かつても今もあまり変わりないということです。女性は世話をして当たり前と思われがちです。また、残念ながらケアを受ける側になったときに、やはり女性の側にも「女性からケアを受けたい」という本音があるかもしれません。「男性でも女性でも、看護師さんでも介護士さんでもいいんだよ」と、果たして言えるか疑問に思います。ケアを提供するのは女性、という固定観念が、性別を問わず染みついていないでしょうか。保母さんが保育士に、看護婦さんが看護師になったのはつい最近と言ってもいいくらいでした。私が大学生ぐらいのときに公の名称が変わったのだったような、もっと早かったかもしれませんね。私の小さいころは、私は保育所に行って保母の先生たちから世話を受けていた。保母さんと呼ばれていました。私が対象年齢のとき、あそこは保育所であって、その先生たちが保母と呼ばれていたのは間違いありません。

そう思うと、たかだか30年ぐらい前は「ケアは女性だけがする仕事」というイメージがあったのは確かでしょう。保父さんもいたかもしれませんが、圧倒的に保母さん。看護師もそうですね。私が中学生、いや、もっと後ですね、高校生か大学生くらいの頃『ナースマン』というドラマで男性看護師が女性の職場で奮闘せねばばならない物語があって、そこが時代の走りだったように思います。だからケアを提供するのは女性、というところから時代がだんだん変わってきたことを、受け入れられないながらも受け入れていけたのかもしれません。私は今、介護職ですが、この業界でも男性の30年定年という問題がありました。結婚するために仕事をかえなければならない男性介護士がでてくる。介護職の給料はどうしても安いので、結婚するのでもっとお金の稼げる割のいい仕事を探さざるをえなくなるという問題です。ありましたと言っていいのか、今もあると言うべきなのか、判断が難しいところですが、どうも女性によるケアは安く見積もられがちかもしれません。

同じ対人援助職でも医師はやはり男性が多いですよね。２０１８年に医学部の入試で女性が逆下駄を履かされていた。逆下駄というのは、女性の受験生の成績が男性よりも低くなるように計算されていた問題が明るみにでて訴訟沙汰になったことがありました。

同じケアをする職業であっても権威がつくと男性の仕事にすり替わっていくのだと感じ

ます。ちょっと考えたら牧師はどうだったかな、と（ここで会衆、爆笑）。『日本基督教団年鑑』というものがあって、牧師の数はすぐにわかります。教師数２０２２年３月31日現在。２０２３年版の教団年鑑を購入くださって玄関にあるのを見たら、教会の牧師として働いている人間が１６６１人います。男性の教師が１２６０人にたいして、女性が３９８人だそうです。そんなに差があるんですね。女性の主任牧師になったらもっと少ないでしょう。女性の主任牧師も書いておいてよ、と思うんですが、数えるくらいしかいませんね。どれだけ少ないのかあとで数えておきたいと思います。女性の主任牧師にしてくださってありがとうございます。

日本だとこういう状況がどこの教派もあるでしょう。場所を変わってフィリピンですと現場で働く牧師は女性の方が多いそうです。ケアワーカーの一端であるという認識が広まっているのだと思うんですが、女性がケアをする立場だという役割固定がありながらも「いっそのことそうなって欲しいな」と思ってしまう自分がいます。まだ日本はその位置にすらたどりついていない。

何にしろ女性が増えないと女性がケアをする立場が安く見積もられ、使われ続けるのかなと思ったりします。聖書の時代からその点はあまり変わってないのかもしれません。今日の朗読箇所を読み直してルカによる福音書がどのような書きかたをしようが、ここに名前が挙がっている女性たちはイエスの弟子です。イエスに弟子も含めて、弟子集団に仕えていたのでなくイエスに仕えていたはずです。私たちが目指していくところは、聖書の中の限界を超えて、女性であっても男性であってもどのようなセクシュアリティに生まれても、その人がその人として扱われる。その人の与えられた神から与えられた生き方がまっとうできるように、支えあっていく。そんなところであってほしいと思います。間違いなく、イエスの弟子の中に女性たちがいたし、その働きは小さなものではなかったろうと思うわけです。

聖書の中の痕跡を読みながらイエスに仕えていた女性たちのことに思いを巡らしつつ、また自分たちもイエスの弟子である自覚をもって歩みを進めていきたい。そのように思います。

お祈りいたします。

すべてのいのちの源である神さま。御名をあがめ、賛美いたします。ここに名前が挙げられた女性たちは間違いなく、イエスの弟子でありました。イエスの死を見届け、また、復活の第一証人となっていった女性たちでありました。もしかしたら、生まれついた性による役割分担の中、生きなければならないところもあったかもしれませんけれど、その人生の中でイエスと出会い、またイエスの生と死の証をしていくことになった女性たちでありました。私たちにそのような女性たちがいたことを忘れないようにさせてください。困難の中であって神に仕えていく、イエスの弟子である生き方を私たちが全うしていくことができますように、支え導いてください。

この礼拝のことを思いつつも来られない人たちのために祈ります。その場にあってあなたの恵みが豊かにありますように。心や体に痛みを負っている方がありましたら、すみやかに癒しの御手を置いてください。あなたのために働いている、たたかっている方がありましたら、どうかそのわざを強めてください。この祈りを女性も男性もすべてのひとを招かれた私たちの主、キリスト・イエスの御名によって御前にお捧げいたします。アーメン

（2023年7月23日　日本キリスト教団 愛川伝道所）

私家版 あとがき（2023年12月刊行）

2023年の夏ごろ、友人である四宮康平さんから「説教集を出してみませんか」と提案がありました。数年前からたびたびそのような話があったのですが、今年は私の按手礼5周年、神学校に入学してから12周年でしたので「節目であるし、何か残すにはいい機会かもしれない」と思ったのでした。

神学校に入学してからの説教6本、神奈川教区総会で准允を受ける際の所信表明、なか伝道所での使信（説教）8本、藤沢ベテル伝道所時代の説教4本、愛川伝道所での説教5本を収録しました。神学校時代の説教は、学内礼拝のもの、神学校日礼拝で語ったこと、説教演習のために作成したものです。特に、「沈黙して救いを待ち望む」、「傷によって共に生きる」、「マーゴイとしての牧者」は私の中で「心の傷三部作」として大切なものとなっています。

なか伝道所では「副牧師は飛び道具」であると心がけ、主任が創世記の連続講解説教に取り組むかたわら、月に一度「なるべく新約聖書で聖書箇所を選ぶ」という方針で月に一度、第4主日にメッセージを行っていました。最初の二年間は土曜日も12時間賃金労働をしながら土曜日の夜に伝道所に泊まらせていただき、使信のある直前には一度寝て、起きて4時から原稿をつくったり、逆に夜中ずっと起きて書き、4時に一度寝るなどということをしておりました。朝9時に教会のカギをあけるのが私の仕事でありました。

藤沢ベテル伝道所では、主任の飯塚光喜牧師から「一冊の連続講解説教にしてほしい」という求めがあり、月に一度マタイによる福音書の連続講解説教をすることにいたしました。視覚障がいのある牧師にとって何冊にも分かれている点字聖書を横断するのは負担だったのでしょう。マタイによる福音書を選んだのは、私にとってマタイによる福音書が「第一の福音書」だからです。「はっきり言っておく。徴税人や娼婦たちの方が、あなたたちより先に神の国に入るだろう。」（マタイ21・31）という言葉を残しているのはマタイによる福音書のみです。マタイによる福音書にしかない言葉ですが「誰のために教会はあるべきか」ということを端的に示しているものであると思っています。また、「天の国のための宦官」ということが「生き方」としてありえるということを教えてくれたのもマタイによる福音書でした。

２０１８年12月に精神科通院をはじめる事態になり、完全原稿を用意することができなくなりました。「悔い改めに必要な実を結べ」が完全原稿でなした最後の説教になりました。それ以降はストップウォッチ替わりに携帯電話の録音機能で説教を録音し、録音時間を見ながらあまり長くなりすぎないようにだけをこころがけ、釈義メモを見ながら言葉を紡ぐということをしてきました。

愛川伝道所では日本キリスト教団の聖書日課に従い、福音書を選んで説教を行いました。２０２２年はマルコによる福音書、２０２３年はルカによる福音書の年でしたので結果ルカによる福音書からの説教を中心に収録することになりました。教区からの謝儀補償に頼らず賃金労働しながら主任牧師をするという道を選びました。働きながら毎週の説教を準備することは綱渡りの日々でありますが、毎週守られ講壇に立たせていただいているのは大きな恵みです。

はからずとも神学校に入学してから12年間の歩みをふりかえることができました。大学に入学したころ教会に導かれ、それから「説教」を聴く人生を送り始めることになるわけですが、どんな説教に養われてきたのかを思い知らされました。やはり初めに聴いた説教というものが私にとって、説教の「理想」になっているのだろうと思います。受洗牧師である田中文宏牧師（現名古屋桜山教会牧師）の説教に多くの影響を受けています。語る内容が似ているわけではありませんけれど、「構成」は「文宏先生の説教だな」としみじみ振り返るのです。文宏先生は「戦火と災害の絶えない世界に」と説教後の祈祷で毎週そのように祈られていました。私も主任牧師になってからそのような祈祷を続けているのは間違いなく文宏先生の影響です。

神学生時代の説教は「自分のために語る」「自分の救いのために語る」ということは出ませんでした。もちろんそこを経なければ「他者のために語る」ということはできないわけですし、また「自分のために命をかけて語る」ことが結果として誰かの心を打つことがあると信じてやってきたわけですけれど、神学校を卒業して変わったことは「他者」を得たことです。

神学校を卒業して、教会に赴任するとほぼ同時に「重度訪問介護」という制度を利用している方への介助ヘルパーとして働き始めました。やろうと思ってやったわけではない牧師とヘルパーの「二足のわらじ」の生活をすることが私の説教に大きな変化を与えたように思います。「ヘルパーやっていなかったらこんな説教をすることもなかったろうな」ということが起こっていました。北海道を出る時には思ってもみなかった実践と人生は、間違いなく神から与えられたものであると信じています。

私の説教において「他者」とは狭義には教会の会衆です。主日の礼拝を楽しみに、また命をかけて通ってきてくださる信徒のみなさんを無視した説教というのは成り立つわけがありません。それだけでなく、普段私を助けてくれるクリスチャンではない友人、利用者様、精神科の主治医、臨床心理士、隣のラーメン屋の店主、近所のカレー屋さん……も私にとって大事な「他者」です。私の説教を直接きくことが未来永劫なかったとしても、私は天来の平安と祝福とを願いつつ、その人たちのために語るのです。

平素から親しくさせていただいている浜田直樹さんに校正をお願いしました。誤字も多い原稿にすべて目を通していただき骨が折れたことだろうと思います。四宮康平さんには、説教集の企画から編集、原稿がないもののテープ起こしなどありとあらゆることをしていただきました。感謝してもしきれません。四宮さんがいなければこんなに早く説教集をつくろうとは思ってもみませんでした。特にお二人に感謝をします。

これからも私は神とともに「自分の道を歩く」ことにこだわりつつ、不器用な生と説教を積み上げていくのでしょう。このような牧師もいるのだと心にとめていただければ幸いです。

新書版　あとがき

昨年12月、同人誌版説教集『傷によって共に生きる』を発行しました。教会員や普段親しくしてくださっている方の他、X（旧 Twitter）で案内を出し、原則無料でお配りしました。200冊印刷しました。残数が残り50を切った頃、また同じように同人誌で「改訂増補版」を出そうか検討しました。

そんな折、「師匠」富田正樹さんから株式会社ヨベルの安田正人社長を紹介していただき、「ヨベル新書で改訂版を出そう」ということになりました。

元の同人誌に3本足して、内容が重複した1本を抜きました。「十字架論」「教会論」「聖餐論」に関わる説教を入れるかたちになりました。また、タイトルを『傷によって共に生きる——弱くてやさしい牧師の説教集』に変更しました。

キリスト教は「弱さ」を大事にする宗教である、と信じています。パウロも「すると主は、『わたしの恵みはあなたに十分である。力は弱さの中でこそ十分に発揮されるのだ』と言われました。だから、キリストの力がわたしの内に宿るように、むしろ大いに喜んで自分の弱さを誇りましょう。」（IIコリント12章9節）で語っています。人は「強さ」によってではなく「弱さ」によってつながり合い、共に生きていくものであることでしょう。

「弱い」牧師というなら、私ほど弱い牧師もいないではないでしょうか。高校入学の前に両親が離婚し名字が変わったことを皮切りに自己肯定感というものがなくなりました。大学受験も失敗し、不本意な大学生活が始まりました。そこで出会った大学の先生を通してキリスト教に出会いました。自分のセクシャリティにも悩みましたし、また、「自分のセクシャリティとキリスト教の相性の悪さ」にも悩みました。一度思索を放り投げ「信じたんだ。いいんだ。」と大学4年のイースターに洗礼を受けました。それでも心の傷は深かったのが災いして、大学を卒業した後、新卒で入った会社を3か月で辞めました。以後3か月に一度職を変える時期もありました。最初の仕事を辞めたあとに、母親に受診を促され精神科のお世話になるようになりました。

説教本文にも書きましたが、自分でもそこそこうまくいっていたと思っていた無認可幼稚園の補助教員の仕事を辞めることになったときに「献身」を志し、２０１１年に農村伝道神学校に入学しました。神学校生活も順風満帆とはいかず、心の傷を深めたように思います。卒業後も招聘先に恵まれたと言えず、二つの教会で担任教師として7年間仕えました。教会の担任教師をしながら、友人の紹介で「重度訪問介護」の訪問ヘルパーの仕事をして生計を立てるようになりました。2022年の5月から神奈川県の小さな教会の主任牧師となりました。賃金労働しながら主任牧師をするという道を選んで3年目を迎えます。

このように私は「自分の弱さ」と「立場の弱さ」を抱えています。「弱さ」に関してはまさにその通りなのですが「やさしい」はどうでしょうか？「優しい」とはあくまで他者評価的なものだと思います。「優しい」ことを自称できる人はいないでしょう。

大学時代、私に「強くなければ生きていけないが、優しくなければ生きている意味がない。」という言葉をくださった方がいます。座右の銘のひとつになりました。私自身も「優しい」ということには大きな価値を置いているのだと思います。とはいいつつ、私は自分ではそうは思えません。

私が「優しい」のだとしたらそれはイエスが優しい方であるからです。福音書を読むと「怒りを表すイエス」のことが目に止まりますが、それは搾取にあう人に対する腹わたからのいたわりの裏返しであり、病の人に罪の赦しを宣言して癒したイエスはやはり優しいのだと思います。

なににせよこれほど弱く、ストレスに弱い私が賃金労働をしながら主日のご用を続けていられるのは大いなる恵みです。これからも私が「弱さ」を伴いながらも日々を歩める程度の強度が与えられ、説教を積み上げていくことができますように祈りつつ歩みます。

株式会社ヨベルを紹介してくださった「師匠」富田正樹さんに、そして編集出版まで寄り添ってくださった株式会社ヨベル社長安田正人さんにお礼申し上げます。特に安田正人社長には多くの「赤」を入れていただき、不勉強であったり、行き過ぎた表現があったところを修正していただきました。この説教集がみなさまにとって読みやすいものになっていたとしたら安田社長の功績です。

最後までお読みいただきありがとうございました。弱さによってつながりあう世界が実現することを待ち望みつつ、みなさまに命の源である神からの祝福が豊かに与えられますように祈ります。

2024年 ペンテコステに

北口沙弥香

北口沙弥香（きたぐち・さやか）

1984 年北海道北見市生まれ。2003 年札幌大学法学部法学科に入学。大学入学直後にキリスト教と出会い、大学 4 年の 2006 年イースターに日本キリスト教団 真駒内教会にて受洗。2007 年大学卒業し、札幌の地で 4 年間フリーター生活を送る。2011 年農村伝道神学校に入学、2015 年卒業。
卒業後、日本キリスト教団 なか伝道所に担任教師として赴任。同時に町田市の「重度訪問介護」（身体障がい者）の訪問介護事業所に就職し、牧師とヘルパーの二足のわらじの生活を始める。
2018 年日本キリスト教団 藤沢ベテル伝道所担任教師となる。同年 6 月日本キリスト教団 神奈川教区総会にて按手礼受領。2019 年介護福祉士登録。
2022 年 5 月より日本キリスト教団 愛川伝道所主任担任教師就任。引き続き「牧師がヘルパーしている」実践を続けながら牧会に励んでいる。
リベラル・クリスチャン情報局「イクトゥス・ラボ」メンバー。
① 愛川伝道所　ホームページ　https://aikawa.ykwebinf.net/
② イクトゥス・ラボ　ホームページ　https://ixthus.jp

ヨベル新書 097

傷によって共に生きる —— 弱くてやさしい牧師の説教集

2024 年 7 月 10 日　初版発行

著　者 —— 北口沙弥香
発行者 —— 安田正人
発行所 —— 株式会社ヨベル　YOBEL, Inc.
〒 113-0033 東京都文京区本郷 4-1-1-5F
TEL03-3818-4851　FAX03-3818-4858
e-mail：info@yobel. co. jp

印刷 —— 中央精版印刷株式会社
装幀 —— ロゴスデザイン：長尾 優
配給元—日本キリスト教書販売株式会社（日キ販）
〒 162 - 0814　東京都新宿区新小川町 9 -1　Tel 03-3260-5670

ISBN978-4-911054-21-5 C0216

聖書 新共同訳（日本聖書協会発行）を使用